歴史問題は解決しない

日本がこれからも
敗戦国で
ありつづける理由

The reason why Japan still continues
to be a defeated nation

倉山 満
Mitsuru Kurayama

PHP

歴史問題は解決しない

目次

第五章　日本は敗戦国から抜け出せないのか

装丁：赤谷直宣

序章　安倍内閣が「歴史問題」を解決できない理由

安倍首相は歴史問題を解決できない

昭和二十年八月十五日、この日をもって日本は国名ではなく地名となった。そしていまに至っている。本書の主題は、「日本が再び国名に戻れる条件は何か」である。最初に絶望的な結論を下しておけば、安倍晋三内閣が仮に六年続くとしても、日本がまともな国に戻るのは無理だということだ。むしろ、そのような期待を抱くほうが日本の国益に反するであろう。安倍内閣には別の使命があるのだから、無理難題を押しつけるべきではない。

ましてや、安倍首相に実現不可能な要求を突きつけたうえで、「なぜ安倍首相は歴史問題を解決できないのだ」などと攻撃するのはお門違いも甚だしい。現に第一次安倍内閣は、このような批判によって、保守勢力の間からも攻撃され、退陣に至った。

日本の保守勢力は歴史問題の深刻さを理解していないからこそ、「我らの安倍内閣ができた以上、戦後レジームから脱却できる」と舞い上がる。「戦後レジーム」とは「日本を敗戦国のままにさせる体制」のことである。

誰が、戦後レジームからの脱却を望むのか。台湾やASEAN諸国、あるいはインドのような親日国は望むかもしれない。しかし、いずれも小国である。核保有国のインドとて、遠くの隣人である。また、彼らが自国の国益をかなぐり捨ててまで、日本のために尽くしてくれるなどという幻想を抱くべきではない。

逆に周辺諸国はどうか。台湾以外のすべての隣国が、日本には永遠に敗戦国のままでいてほしいと願っているのである。

まず、中国が日本の復活など望むだろうか。ありえない。

あらゆる面で国益が衝突する中国は、第二次世界大戦の敗戦国なのである。中国（当時は中華民国）は日本に対しては全戦全敗であった。米国の介入がなければ間違いなく蔣介石は殺されるか降伏していた。

日本は「ＡＢＣＤ包囲網」などと被害者意識に凝り固まっているが、重慶の蔣介石こそ日本に包囲され空爆の恐怖に怯《おび》えていたのである。

毛沢東の中国共産党に至っては、延安に隠れていたにすぎない。毛沢東は「夷を以て夷を制す」などと、蔣介石と大日本帝国を嚙み合わせた戦略を自画自賛するが、日本と戦って勝ったわけではない。しかも現在の中華人民共和国は、「侵略者日本に打ち勝った中国共産党」の歴史を支配の正統性としている。日本の復活など死活問題である。

次に、ロシアである。

日露戦争の敗北は、ロシア人にとって拭えない屈辱である。そしてこれを、スターリンによる騙し討ち、日本の降伏六日前の参戦という卑怯な形でしか復讐できなかった。日露戦争において日本は正々堂々と戦って勝ち、そして敗者であるロシアの騎士道を尊重した。旅順攻略の際、乃木希典将軍がステッセル将軍に帯刀を許した。第三者の外国人からは武士道気質として賛美され、日本人自身も誇る。

しかし、敗者であるロシア人にとってはどうだろうか。復讐の機会を窺うに決まっている。これを明治の元老は知っていたからこそ、ロシアの復讐戦に備え、日露協商という同盟条約によって敵の動きを止めた。そして、このリアリズムが失われて国を滅ぼした。日本人は敗者の怨念に対してあまりにも無邪気である。歴史問題の深刻さをわかっていない。

なお、イギリス人とオランダ人にどれほど恨まれているかについて、日本人はまったく無自覚だ。日本はアメリカにこそ敗北したが、その過程でオランダを踏み潰し、大英帝国と刺し違えているのである。

日本と戦ったがゆえに、オランダもイギリスもその版図を失ったのだ。しかも戦闘においては、日本に対して完敗の連続である。日本は英蘭に対しては戦勝国である意識が欠落しているのだから、敗者の怨念に無自覚なのは当然である。

そもそもロシアは「五〇〇％の安全保障を求める国」と言われる。またロシア語に「安全」という語はないとも聞く。あるのは「無危険」だけだという。このような国が、日本の大国化を望むだろうか。

なぜ永遠に敗戦国のままでいてほしいのか

中露両大国の威光を借りて日本への敵意を剝き出しにするのが、朝鮮半島の二つの小国である。

北朝鮮に関しては言うに及ばない。金正日が日本人拉致を認めたとき、激昂する世論を見て戦争を覚悟したと聞く。日本政府が無理やり理由を見つけて戦争していないだけの話である。明確な敵国である。

厄介なのが韓国だ。アメリカは、日本及び韓国と軍事同盟を結んでいる。日韓は友好国のはずだ。ところが、韓国は日本への敵視をやめない。事あるごとに歴史問題を持ち出す。李明博前大統領は国内世論に媚びるために竹島に上陸し、天皇への謝罪を要求した。

日本敗戦後の韓国人（朝鮮人）は「第三国人」と言われた。これは「戦勝国でも、戦敗国でもない国の人」という意味だが、不正確である。韓国人（朝鮮人）は、戦時中は日本国民であり、ともに戦った同胞である。

満洲事変や支那事変ではむしろ、日本陸軍が驚くほどの漢民族への反感を剝き出しにし、よく協力している。それが日本の敗戦により一夜にして裏切り、いわば「落ち武者狩り」をする側に回っただけの話である。

北朝鮮はもちろん、韓国にとってもやはり日本の復活など悪夢にすぎない。

そして問題はアメリカである。

しばしば、米国には「ストロングジャパンポリシー派」と「ウィークジャパンポリシー派」がいると語る論者は多い。しかし、「ストロングジャパンポリシー派」の中で誰が、日本がアメリカと同等以上に強くなることを望んでいるのか。あくまで米国の世界戦略に忠実に貢献する「猟犬」を求めているだけである。

日本はアメリカの持ち物である、という点に関しては、「ストロングジャパンポリシー派」も「ウィークジャパンポリシー派」も合意している。日本がこれを覆そうなどという動きを許すはずがない。

「ストロングジャパンポリシー派」にして「ジャパンハンドラー」の代表格であるマイケル・グリーンが、現在の安倍内閣に「尖閣と靖国と慰安婦」で突出した動きをしないようにクギを刺すのは、アメリカの国益からすれば当然なのである。

ヘンリー・キッシンジャーといえば、「ウィークジャパンポリシー派」の代表格である。キッシンジャーは日本を評して「経済大国は必ず軍事大国になる」と常に警戒感を隠さないが、現実の短期的な政策論としてはともかく、長期的な文明史的には当然なのである。アメリカにとっても、日本は永遠に敗戦国のままでいてもらわなければならないのである。原爆への復讐に怯えているという文脈では、アメリカにとって、まさにそうなのだ。

日本を取り戻すために必要な覚悟とは

軽々しく、「安倍内閣は、日本を侵略国だと自ら宣言した村山談話を破棄すべきだ」と主張する論者は多い。正論である。しかし、これだけ周辺諸国の悪意に囲まれている中、どこにそのような正論が通じる環境があるだろうか。

歴史問題の解決とは、もう一度戦争に勝たねば解決できないほどの難題なのである。安倍内閣のスローガンは「日本を取り戻す」である。

アベノミクスでようやく十五年に及んだ不況から脱出しようとしている。世論は沸き返り、自民党はすべての選挙で勝利している。

「中央銀行の独立」を盾に取り、政府から独立した存在と化していた日本銀行の総裁人事で勝利したのが、アベノミクスの原動力だ。財務省主計局をもしのぐ戦後最強の権力機関である内閣法制局の長官人事でも、意中の人物を送り込んだ。長年の懸案である集団的自衛権の解釈変更も政治日程に乗せた。

いまの安倍首相はオールマイティに近い権力を得たと言っても過言ではなかろう。もしかしたら、レーガノミクスでソ連を崩壊させたように、アベノミクスが中国を潰すかもしれない。

しかし、そんな安倍内閣でもできないことがある。それが歴史問題の解決だ。冷厳な現実だが、もはや日本は地名にすぎない。敗戦国のままであり、いまも被占領国なのだ。

十九世紀、カブールやガリバルディの統一まで、「イタリアとは国名ではなく地名にすぎない」と言われ続けた。当時のイタリアは都市国家群の集まりにすぎず、ハプスブルク帝国のくびきの中にあった。それを、武力蜂起によって統一と独立を勝ち取ったのだ。そのときの合言葉が、「イタリアか、死か」である。

はたして、「日本を取り戻す」などと軽々しく口にしている知識人に、「日本か、死か」の覚悟があるだろうか。

少なくとも、本書で述べるような事実を踏まえたうえで、歴史問題を認識してもらいたいものである。

たいていの読者は、「安倍内閣が六年続いても、歴史問題は解決しない」などと聞くと、絶望的な気分になるだろう。何のための安倍内閣と思うかもしれない。

仮にすべての国政選挙と与党自民党総裁選挙に勝利しても任期は六年である。その間を解決できない問題に使うべきではない。次の世代が解決するための環境整備に使うべきなのである。歴史問題を解決するのに、六年間という時間は短すぎる。

もし、永遠に敗戦国のままでいるのが嫌ならば、歴史問題の本質に向き合うべきなのである。

軽挙妄動したくなければ、正しく歴史を認識すべきである。国民一人ひとりの地道な努力なくして、戦後レジームからの脱却など不可能である。

真に「敗戦国ではない日本」を取り戻したいなら、本書が突きつける現実と向き合ってほしい。

第一章　近代の前提――歴史問題を解決させたくない

●第一節● 古代ヨーロッパが先進地域だとの思い込み

前近代のヨーロッパ社会を知らない日本人

歴史とは何か。外交の武器であり、支配の道具である。少なくとも、キリスト教国や儒教国はそう考えているし、実行している。

その意味で日本人は甘い。まったく「お幸せ」な国でもあるのだ。

日本は間違いなく模範的な近代国家である。世界の中で日本よりも近代的な国がどこにあろうか。平和で秩序と自由を重んじる清潔な国という意味で、日本が世界の中でも最も近代的な国であることに異論を差し挟む資格のある国がどこにあろうか。

近代的とは、文明的と言い換えてもよい。事実において、日本は世界に誇るべき近代文明を有している。世界で最も治安が良く、豊かで、そこに住む人が親切な国が日本である。これは間違いなく誇ってよい。

だからこそ、他の国が何を考えているかを理解できないのであるし、「近代」「文明」の何たるかを理解しにくくなるのだ。「平和」「秩序」「自由」「清潔」などを、空気のように所与の前提と思ってしまうのが日本人である。一回でも海外旅行に出たことがあるならば、日本のありがたさを思い知るだろう。

我々日本人も含めて、現代は「近代」という段階にある。近代はヨーロッパ人が「文明」として世界中に押し広めたものだ。有色人種の中で、ヨーロッパ人の主張する近代文明を最も無理なく受容したのが日本と言える。

他の国々は征服されるという形で押しつけられたが、日本だけは、百五十年前に白人の脅威が迫った際、明治維新という自己改革によって近代化を図り、世界中の国々に日本は文明国だと認めさせた。

その日本人にとっても、ヨーロッパ人独特の観念の深奥は理解しがたい部分が多い。たとえば、死刑制度廃止論議を考えればわかる。

欧州各国は死刑制度を廃止している。いまやEUの加盟条件が「死刑を廃止すること」になっている。日本は彼らの標準に合わせるべきかどうかという論争がある。この問題において必ず持ち出される論点が、「死刑は最も厳しい（残虐な）刑罰である」と、「改心した罪人を死刑にすることが道徳的であろうか」である。

前近代のヨーロッパがどのような社会であるかを考えれば、実に甘い世界観に基づく主張であるかがわかる。死刑は最も厳しくもなければ、最も残虐な刑罰でもない。「改心させてから殺す」のが文明的だと捉えるのが、前近代のヨーロッパなのである。

自分の愛する者を殺した憎き犯罪者に対して、日本人だと「殺してやる！」となる。しかし、近代国家において仇討ちは認められない。政府が個人に代わって死刑を執行することで秩序は保たれている。

死刑制度は被害者遺族救済の側面もある。犯人の死刑執行により心の決着をつけ、遺族は「次に進める」と考えられる。

それに対して、ヨーロッパ人は、「死なせてやるものか！」と考える。時に「楽に死なせてやるものか！」となる。だから、改心させたうえで永遠に牢獄に閉じ込め、希望を奪い後悔の真っただ中で生きさせる。愛する者の命が戻らないからこそ、自分の生きている間は犯罪者を苦しめ続ける。

はたして、これが日本人の考える「文明」だろうか。

古代から世界の文明先進国はアジアだった

日本人が世界を見る目を誤るのには、二つの理由がある。

一つは、「世界史」に対する誤解である。現代の日本人はあまりにも世界史を知らない。知識人からして、東洋史と西洋史を足したものが世界史だと単純に考えている。

しかも、その東洋史と西洋史の正体はどのようなものか。東洋史とは、漢文だけを史料に使った中国史のことである。周辺民族である朝鮮、満洲、モンゴルなどは付属品のように扱われ、イスラム世界のこともわからない。西洋史とは、イギリス史、フランス史、ドイツ史を並列させたものにすぎない。長らく辺境の地であったロシアやアメリカの歴史はマイナー分野である。

これでは、中国と西欧が常に世界の最先端地域と考えてしまうのも仕方があるまい。現在の日本人が思い込まされている世界史とは、このような代物なのだ。

俗に「欧米」とひとくくりにするが、そのような一枚岩の集団は存在しない。ヨーロッパですら厳密には一枚岩ではないし、ましてやアメリカとひとくくりにしては余計に事実が見えなくなる。

もう一つは、ヨーロッパが先進的な文明をつくり、広めたという思い込みである。

日本人の書いた「世界史」の書物を読んでいると、四大文明発祥の時代からヨーロッパが人類の最先端地域であるかのような錯覚をしてしまう。また、ペルシャ戦争とアレキサンダー大王とローマの五賢帝だけを並べれば、古代からヨーロッパが世界の先進地域であったと思い込みたくなる。

しかし、四大文明のエジプト、メソポタミア、インダス、黄河は、すべて非ヨーロッパ世界である。古代においては、エジプトのような地中海アフリカやメソポタミアのようなオリエントの文明国のほうが、ヨーロッパよりも先進地域である時代が長いのである。

メソポタミアとはイラクのことであるが、この地域に一度でも覇を唱えたことがある、イラク、イラン、トルコ、シリア、サウジアラビアなどの国々が欧米諸国と接するとき、現在の力関係と関係なく優越感を抱くのは、長らく自分たちのほうが文明国であったという歴史意識に基づくのだ。

ギリシャ文明の勃興により、初めてヨーロッパに文明が生まれた。紀元前五〇〇年、東方を支配するアケメネス朝ペルシャ帝国はギリシャに遠征した。スパルタとアテナイを中心とするギリシャ連合軍は、二十年間で三度の苦戦を潜り抜けて防衛した。

これでヨーロッパが世界の中心ならば、モンゴル帝国の侵略を二度にわたって撃退した鎌倉幕府も世界の中心地域だろう。日本人は「鎌倉幕府は世界の中心だった」などと恥ずかしくて言わないが、「ギリシャは世界の中心だった」というのが欧米人なのである。

次にヨーロッパが東方のアジア世界に勝利するのは、アレキサンダー大王である。紀元前三三二年、大王はエジプトを征服し、さらに世界征服を目論んでアケメネス朝ペルシャを滅ぼした。インドまで到達した大王は、「もはや征服する土地がない」と嘆いたという。

当時、ヨーロッパ人にとって世界の中心とは東方のアジア帝国のことであり、エジプトとペルシャを征服した大王は世界征服をしたようなものであった。ところがこの大帝国は、大王一代で終わり、広大な帝国は分裂する。単なる一過性の現象であった。

その後、尚武の気風が薄れたギリシャに代わり、地中海の盟主となったのはローマである。

それまで地中海の覇者だったカルタゴ（チュニジア）やエジプトを滅ぼしたローマは、セレコウス朝シリアをも征服する。キリスト教紀元（ＡＤ）一年頃、現在は中東と呼ばれる地域を属州としていく。

強烈な自我と歴史歪曲を押しつける白人社会

ローマの勢いはとどまるところを知らず、紀元二世紀の百年間、五賢帝と呼ばれる皇帝の時代にはアッシリアやメソポタミアを制し、版図は最大となった。だが、五賢帝二人目のトラヤヌス帝を頂点に、ローマの領土は縮小していく。

ペルシャ戦争とアレキサンダー大王と五賢帝だけをつなげれば、常にヨーロッパがアジアに優越していたように思えるが、その三つはヨーロッパ古代史の例外なのである。

三一三年、ローマ帝国はキリスト教公認を境に科学技術を失い、急速に衰亡する。それまでのローマ帝国は上下水道が完備した文明国だったが、「すべての知識は聖書にある」とするキリスト教の影響力が大きくなるにつれ、技術者の社会的地位が低下したからである。帝国は極めて不潔な環境と化した。

三三〇年にコンスタンティヌス帝は、ローマからコンスタンチノープルへの遷都を決断し、三九五年に帝国は東西に分裂する。すなわち、ローマ帝国は西欧を切り捨てて生き延びようとしたのだ。

現に、東ローマ帝国（ビザンチン帝国、ギリシャ帝国）は千年の延命を果たすが、西ローマ帝国は四七六年に東方騎馬民族の蹂躙《じゅうりん》によって滅亡する。

これ以降数百年の西欧の歴史は、実はよくわからないのである。ヨーロッパ中世は「暗黒の世紀（Dark Age）」と呼ばれるが、古代よりも新しい時代のほうが記録に残っていない。

日本の歴史は、一度も途切れることもなければ、退化した経験もない。常に歴史が進歩する日本には、ヨーロッパ人の世界観は信じがたいだろう。

常に欧米白人社会が世界の最先進国だったという思い込みは、日本人の歴史認識の根本的な誤りである。

白人の「我々こそが常に歴史の中心であった」という強烈な自我を押しつけ、それに対してイスラムや中華は反発し、張り合っている。国際社会は、歴史に基づく強烈な自我によって動いている。それは単なる歴史歪曲ではない。世界中の指導者（エリート）にとって、歴史とは自我の発露なのである。

日本人は、欧米の白人が国際社会の権力政治を生き抜くために、どれほど歴史を武器とし、支配の道具としているかの理解が、絶望的に甘いのである。

日本人は、「ナンキン」や「イアンフ」などに代表される歴史問題で、「正しい事実を発信し続けることが大切なのだ」などと主張する。反論しなければ事実を認めたことになる、との意味ならば正しい。しかし、事実を訴えれば世界の多数派は受け入れてくれるだろう、などという考えは、もはや純情可憐としか言いようがない。

「正しい歴史を知っているということは、それだけで殺す十分な理由になる」という価値観をご存じないのだろうか。

●第二節●　七百年も恨みを抱き続ける意味

韓国を甘やかしている日本の責任は重い

人は、どれほどの長い間、恨みを持ち続けることができるであろうか。七百年ほどであろうか。

朴槿恵韓国大統領は、「日本にされたことは千年忘れない」と宣言している。本気ではなかろう。一方で、自分が加害者の側に立つベトナムでは口をつぐむ。これに対して日本の論者は「ダブルスタンダードだ」と批判する。事実である。

しかし、事実を突きつけたくらいで歴史問題は解決すると思っているのが、日本人の甘さである。韓国人が改心するとでも思っているのか。

「歴史問題では常に事実を突きつけるべきだ」と主張する論者は多い。もちろん「イアンフ」「ナンキン」など、言われなきデマを流された際に反論しておかないと、さらなるデマが定着してしまうという意味では正しい。だが、「逆ギレ」の常習犯に、事実を突きつける意味があるのだろうか。

朴槿恵に限らず、事あるごとに「歴史問題」「恨み」を持ち出す「恨の国」とも言われる韓国にしても、「千年恨む」などと本気で考えているとは思えない。単なる大げさな比喩であろう。

日本人は本気で「七百年恨み続ける」ことの意味をわかっていない。韓国人もまた、それを理解していない。いずれも恨みの深刻さを認識していないのだが、幼稚な発言を繰り返す韓国を甘やかしている日本のほうこそ問題である。韓国のほうに非があり、韓国のほうが愚かなのだが、それを咎《とが》め立てできない日本のほうが愚かであり非がある、とされるのが国際社会である。

白人中心史観に立たなければ、七世紀は世界史にとって重要な世紀である。

ユーラシア大陸の東のはずれの島国に、日本国が誕生した。それまで、中国人から「倭」と呼ばれてきた人々が自立を主張し、時に干戈《かんか》を交え、時に文明を学び、そして交わりを絶った。言うまでもなく、聖徳太子が隋に送った国書であり、白村江の戦いであり、遣唐使による律令国家の建設である。

そして、寛平六年（八九四年）に菅原道真の建言で大陸との交わりを絶つ。その後、十九世紀まで日本は世界史に登場せず、独自の文化を発展させていくこととなる。

日本が交わりを絶つことになるアジアには、二大帝国が出現した。このアジアはユーラシア大陸全土に広がる。

一つは六一八年に建国され、中国大陸から中央アジアを支配した唐帝国である。

もう一つは、六一〇年にムハンマドが創始したイスラム教がアラビア半島を支配し、百年も経たずに全盛期のローマ帝国以上の版図を築いたイスラム帝国である。東はパキスタンから西はモロッコまで勢力を伸ばし、いまに至るイスラム文化圏を形成した。科学技術においてはイスラムが最先進地域となる。

この頃の東欧では、すでに東ローマ帝国の栄光に陰りが見えており、西欧ではやがてローマ教皇がフランク国王に西ローマ帝国の帝冠を授け（八〇〇年）、後に神聖ローマ帝国ができる（九六二年）のだが、あまりにも史料がなさすぎて内情は本当のところよくわからない。

西ヨーロッパ人がはっきりと歴史上に再登場するのは、十一世紀の十字軍である。それも、一方的に侵略された東方世界の記録によってである。

十字軍はエルサレムから遠ざかれば成功する

第一回対エルサレム十字軍が行われた一〇九六年、ヨーロッパから見て「東方」を支配していたのは、セルジューク・トルコ朝である。ローマ教皇が「聖地エルサレムの奪還」を掲げて十字軍を宣言すると、現在の英仏独にあたる国々の国王や騎士たちは馳せ参じた。

欧米世界において十字軍は、いまでも正義の戦いとしての「正戦」、あるいはキリスト教的に正しい戦いとしての「聖戦」の意味を持っている。しかし、被害者のイスラム教徒からすれば、単なる一方的な侵略にすぎない。

また、十字軍は多くの大規模な虐殺を行っているが、常に「景気づけ」で殺されるのがユダヤ人であった。

エルサレム奪還の十字軍が行われたのは八度と言われるが、最終的にこの目論見は失敗した。西欧諸国が束になってかかっても、東方の帝国にはかなわなかったのだ。最後は後背地のエジプトを衝こうと攻め込むが、これも失敗して終了する。

結局、ヨーロッパが束になってかかってもかなわない。トルコに脅威を感じた西洋諸国は、トルコの背後にモンゴル大帝国が出現した際は、彼らを十字軍として認定しようという、何のための十字軍か、目的を見失うようなところもあった。

　また、十字軍はエルサレムにだけ向けて発せられたのではない。むしろ皮肉なことに、エルサレムから遠ざかるほどに成功しているのである。

　まず、バルト海の先住民に対する北方十字軍である。後のアメリカ大陸のインディアン狩りと同じように、最初は生存圏をめぐる戦いであり、布教は侵略の道具だったが、一一九三年にローマ教皇が十字軍を宣言してからは完全な征服戦争と化した。北方十字軍は十六世紀まで続き、スウェーデンやデンマーク、そして東プロイセンのドイツ騎士団を従えたポーランドが大国化していく。ローマ教皇の権威は北欧にも及んだ。

　史上最強のローマ教皇は、間違いなく、インノケンチウス三世（在位一一九八〜一二一六年）である。彼の治世における二つの十字軍の影響は大きい。

　一二〇四年、十字軍は、なんとエルサレムへの通り道にあるビザンチン帝国（東ローマ帝国）を滅ぼし、傀儡《かいらい》ラテン帝国を建国させる。

　ここにローマ帝国東西分裂以降初めて、ローマ教皇はヨーロッパ世界の頂点に君臨することになる。

西欧では、キリストとペテロの首位権を継承する初代ローマ教皇パウロ以降、ローマ教皇こそがキリスト教世界の頂点に君臨し続けているとの歴史観が正統とされる。しかし、ここには二つの明確な歴史歪曲がある。

一つは、イエス・キリストはキリスト教の創始者ではないということだ。イエスは生涯を通じてユダヤ教の改革派にすぎない。それを、後にパウロがキリスト教の創始者に仕立てた。キリストの筆頭弟子であるペテロを初代ローマ教皇とした理論家がパウロである。

もう一つは、ローマ教会が常にキリスト教世界の頂点に位置したわけではないということである。ローマ帝国におけるキリスト教の国教化と東西分裂に伴い、権威と権力を同時に掌握する東ローマ皇帝が、キリスト教徒における信仰と世俗の双方での頂点となった。

東ローマ帝国の首都コンスタンチノープルこそがキリスト教の中心であり、ローマはアレクサンドリア、アンチオキア、エルサレムと同格にすぎなかった。いわば、東ローマ皇帝を首領とする組織の四大幹部の一人にすぎなかったのだ。

それをインノケンチウス三世は初めて打倒し、キリストやペテロ以来ローマが常にキリスト教世界の頂点に君臨していたという歴史歪曲を行ったのである。

ビザンチンの皇族はニケーア亡命帝国を建国して抵抗し、六十年後にビザンチン帝国を復興するのだが、かつての力を再び取り戻すことはなかった。ローマ教会の歴史歪曲を正す力は二度と持てなかった。

インノケンチウス三世は南フランスにも十字軍を派遣している。南仏にはカトリック教会の腐敗とは距離を置くカタリ派が、アルビの街を中心に勢力を張っていた。これを快く思わないインノケンチウス三世は十字軍を宣言する。なぜ同じキリスト教同士で殺し合うのかと思うかもしれないが、「異端の罪は異教の罪より重い」のがカトリックの理屈なのだ。

十字軍の殺戮《さつりく》は凄惨を極めた。カトリック住民の巻き添えを厭わない無差別大虐殺により、カタリ派は壊滅に至る。以後、南仏が北部にあらゆる面で併合されていく端緒となる。

余談だが、日本人が想像する気取ったフランス人やフランス料理は、パリ人やパリ料理のことである。多くのフランス人はラテン気質で明るく友好的だ。現在でもフランスは、パリだけが都会で他はすべて田舎の農業国という極端な中央集権国家である。国家経営は一握りのエリートだけが行えばよいという思想で貫徹している。

フランス革命までパリの知識人の日常語はラテン語だったが、世界で最も模範的な国民国家の一つとされるフランスも、北部による南部の併合、北部の中ですらパリとそれ以外という階級国家によって成り立っているのである。

七百年も戦い続けたキリスト教徒

さて、教皇権を絶頂に高めたインノケンチウス三世は、「教皇は太陽、皇帝は月」と豪語した。事実、その通りだった。しかし、教皇・教会、皇帝、国王、貴族が常にせめぎ合いを続けるのがヨーロッパ中世である。暗黒の中世における混沌は続く。

インノケンチウス三世が育てた神聖ローマ皇帝が、フリードリッヒ二世（フェデリコ二世）である。フリードリッヒ二世は、インノケンチウス三世の死後、教皇グレゴリウス九世と激しく対立する。フリードリッヒ二世は、「最初の近代人」と呼ばれることもある合理主義者だった。だからこそ、「結果のためには手段を選ばない」を実践し続けた。

一二二八年の十字軍において、フリードリッヒ二世はアイユーブ朝の第五代スルタンであるアル・カーミルとの交渉により、聖地エルサレムの返還を実現する。戦わずして戦争目的を達成したのであるから、完全勝利である。

しかし、グレゴリウス九世とローマ教皇庁は、「なぜ異教徒を殺してこないのか」と激怒した。そして皇帝を破門した挙句に十字軍を差し向けるのだ。こうしてグレゴリウス九世とフリードリッヒ二世は、二十年に及ぶ飽くなき殺し合いに突入する。

ここで注目すべきは、「暗黒の中世」そのもののグレゴリウス九世と、「最初の近代人」ことフリードリッヒ二世の論理である。

グレゴリウス九世は「目的のために手段を選べ」と命じている。つまり、聖地奪還だけでなく、イスラム教徒の皆殺しを伴わなければならないのだ。これでは完全に、嗜虐趣味の殺人鬼である。

このとき、教皇庁では「交渉で奪還できるのならば、敵が弱っている証拠なので、もっと強気に出ればよかったではないか」との批判もあった。エルサレム奪還という戦争目的を達したうえで、それ以上、何を求めようとしたのか。

フリードリッヒ二世は、戦争は政治目的を達成する手段であると理解し、不必要な殺戮は忌避している。近代政治学の祖であるニコロ・マキャベリは、この歴史を知悉《ちしつ》している。だからこそ、「結果は手段を正当化する」と政治における結果責任を強調したのだ。

また、現代の戦争観に照らせば、教皇は相手を征服しないと満足しない総力戦志向であり、皇帝は目的限定戦争観に立脚している。後の章で詳述するウェストファリア体制以降の合理主義に基づく世界観の萌芽が見えるからこそ、フリードリッヒ二世は「最初の近代人」と呼ばれるのだ。

ただし、フリードリッヒ二世も「赤ん坊に言葉を教えなければどうなるか」という実験により、母親の愛情を得られなかった子供は生きることができずに死ぬ、という結果をもたらしている人物ではあるのだが。

十字軍は、ただただ凶暴だったが、最も凄惨を極めたのはイベリア半島だった。地中海を制圧したイスラム教徒は沿岸のサハラ以北アフリカを領有し、さらに現在のスペインとポルトガルにあたる地域を占領した。

そして王朝の興亡はあれど、七百年の間イスラム教徒がイベリア半島を支配することとなる。実に、日本の鎌倉から江戸まで幕府が置かれていた期間と同じ長さである。それほどの間、異教徒異民族に支配されていれば、文化的影響を色濃く受けないはずがない。現に、スペインはいまでも建築を見ればわかるように、最もイスラム文化の影響が強いヨーロッパの国である。

しかし、キリスト教徒は七百年間、何度負けても戦い続けた。十字軍と異端審問によってである。教皇庁は「失地奪還（レコンキスタ）」を宣言し、何度もイベリア半島に対する十字軍を差遣した。

後ウマイヤ朝をはじめ、イベリア半島の支配者であったイスラム帝国は、キリスト教徒にも信仰の自由を認めた。貢納する限り、信教の自由を認めるのが、ムハンマド以来の商人的伝統である。強制改宗させれば、貢納が少なくなるし統治が面倒になる。この合理性に、被支配者であるキリスト教徒はどうしたか。

ひたすら裏切り者を拷問によって殺し続けたのである。よく知られる魔女狩りは異端審問の一種である。「疑わしきは拷問により苦しめて殺す」「主の名によって疑われたこと自体が有罪の証拠である」「異端の罪は異教の罪より重い」「改心させて殺すことが、天国に送る善行」「拷問により苦しめているときに歓喜しないものもまた有罪」など、教会の言葉こそがイベリア半島のキリスト教徒を支配した。

そして一四九二年、最後のイスラム教徒の支配地であるグラナダを攻略した。七百年の屈辱を撥ね返し、勝ったのだ。

韓国人は「恨の民族」などと言われるが、ここまでの歴史を持っているのだろうか。

日本人が歴史問題を考える場合、真の「恨み」とはどのようなものかを認識する必要がある。

●第三節●　正しい歴史を知る恐ろしさ

「暗黒の中世」から脱して近代へ向かう欧州

歴史認識の問題を考えるうえで、ヨーロッパ人の凄まじい歴史を知ることの意義がそろそろわかっていただけただろうか。戦慄すべき人々である。その戦慄すべき人々が喧伝する歴史を我々日本人がいかに鵜呑みにしてきたか。しかも肝心の部分については何も知ろうとすらしなかったのだ。だから、歴史歪曲や歴史抹消について、甘い民族になってしまうのである。

映画化もされて話題となった『ダ・ヴィンチ・コード』という作品がある。「キリストにはマグダラのマリアとの間に息子がいた」など、秘密結社・シオン修道会の教義を盛り込んだ問題作であるが、こうした考えは現在もルクセンブルク大公国で受け継がれている。敬虔なカトリック国であるルクセンブルクは表向きは決して公言しないが、公然の秘密でもある。

また、日本人が関心を持つことはないが、ルクセンブルク家は百年の間に三代、神聖ローマ皇帝を輩出したヨーロッパ随一の名門なのである。だから貴族の所領ほどの面積しかない国が、独立国としていまも存立しているのである。

歴史というものが国家の生存において重要な武器であると、日本人は瞑目すべきである。

十字軍は、現代へとつながる西洋史と東洋史の邂逅《かいこう》ともいうべき事件である。十字軍の意義は大きく、現代世界にも影響を与えている。イスラム教徒にとっては非道な侵略者以外の何ものでもないが、欧米の白人にとっては東方世界に善戦した栄光の歴史である。

そして先進的な文明が――十字軍という不幸な形ではあったが――ヨーロッパにもたらされた。

また、十字軍そのものにも、脱「中世」の萌芽が見られる。

たとえば、軍使である。

宗教戦争は、宗教的な理由よりも、利権など世俗的な理由で始まる場合が多い。しかし、戦いを始めた理由がどうであれ、信仰が理由でやめられないのが宗教戦争の常である。自分と異なる考えを信じる相手は悪魔であり、殺さなければならないのだ。

しかし、軍事合理性に反する無益な殺生は自軍にとっても不利益である。軍使の殺害は、結局、自軍を危険に晒《さら》すことになる。こうした、今日の我々から見れば常識に属する思考を西欧人が抱き始めたのも、十字軍という不幸中の幸いであった。

　また、教会に支配された中世ヨーロッパといえども、全面的に惨忍で狂信的なわけではなかった。むしろ権謀術数にかけて最も合理的な集団こそバチカンの教皇庁だった。

　当たり前である。動乱のヨーロッパで生き残るためには、合理性が必要である。「自分が生き残るために物事を筋道立てて考える」ことこそが合理性である。これが宗教的信仰にとらわれない世俗主義の台頭だ。

　権謀術数の権化とされるマキャベリの『君主論』も、最初は教皇庁公認だった。同書でマキャベリが同時代の政治家の手本とするのが、アレクサンドル六世の「親王」とも言うべき、チェーザレ・ボルジアである。マキャベリはむしろ教皇庁御用学者の地位にあったとすら言えるのだ。マキャベリの主張が歪曲された挙句に弾圧されるのは、宗教改革によりプロテスタントとの抗争が激しくなって以降の話である。

　さて、十字軍の失敗により、教会の権威に陰りが見え、反カトリック的な思想が出現する。しかし、教皇の勢力もまだまだ強い。教会のくびきを脱しようとする潮流とそれを妨げようとする反動の衝突により、ヨーロッパは「暗黒の世紀」を脱し、近代へと向かう。

よくある歴史の三区分は、古代・中世・近代である。日本人は、西欧の歴史分析に用いられるこの枠組みを自国の歴史に当てはめて区分する。日本の場合だと、多少の停滞があっても、時代が後になるにつれ、文物は進歩する。

しかし、西欧はこれまで詳述してきた通り、古代ローマ帝国の繁栄が、中世によって失われるのだ。西欧人にとって近代とは、「暗黒の中世」から脱し、再び古代の繁栄を取り戻そうとする衝動なのだ。この衝動を「再生（ルネサンス）」と称する。

再生というルネサンスから宗教戦争の時代へ

ヨーロッパは十五世紀末以降、ルネサンス、宗教改革、対抗宗教改革、大航海時代の四つの動きが複雑に絡み合い、近代化していく。

第一の動きのルネサンス（再生）とは、カトリックによって破壊された中世から黄金の古代への回帰を意味する。この時代に主唱された「ヒューマニズム」とは、日本人が誤解するような人道主義の意味ではない。主（God）ではなく、人間を価値観の中心に据えよう、カトリック教会の教えにとらわれて生きるのをやめようという運動なのである。

たとえば、中世のヨーロッパでも医学は発展していた。しかし、観察と実験による科学が禁止されていたため、「文献学のみによる医学」すら存在したのである。そのような代物が実用に耐えうるかは容易に想像できる。

また、ギリシャ・ローマの古典を復活させたのも、ルネサンス期である。この意味での「ヒューマニズム」は人文主義と訳される。ヨーロッパ人に忘れられていたプラトンの哲学やキケロの詩は、十字軍に伴う貿易によってイスラム諸王朝から逆輸入される形で広がっていく。

世界中の誰もが知っているレオナルド・ダ・ヴィンチの写実的な絵画なども、過去の価値観の破壊である。中世における絵画は極めて平板であった。主（God）と同じ眼を持つことは不敬であるとの価値観からである。

いささか余談になるが、常に歴史が進歩してきた日本に「暗黒の中世」など存在しない。だから、ルネサンスなど必要ないし、存在しえないのである。ここが根本的な歴史認識の懸隔なのだ。そして自己反省の欠如にもつながる。

はたして、十代の六年間で多大な時間を費やして英語教育をしながら、ほとんどそれが身についていない現代日本人が、「文献学のみによる医学」を嘲笑《ちょうしょう》できるだろうか。

第二の動きの宗教改革とは、ローマ教皇の権威への反発である。

当時のカトリック教会は腐敗を極めていた。美人の村娘を司祭が手籠《てご》めにし、事件の発覚を恐れて魔女狩り裁判で火あぶりにするなど、日常茶飯事であった。人民が無知蒙昧なのをよいことに、やりたい放題をやっていたのが当時のカトリック教会だった。

そして、放蕩の極みにより財政難に陥った教皇庁は、贖宥状《しょくゆう》という「天国に行けるお札」を売り出すに至る。

腐敗を極めるカトリック教会に対して、一五一七年、敢然と「九五カ条の論難」を突きつけたのがマルチン・ルターであり、バチカンに反感を抱いていたザクセン公の後援により抵抗運動は広がる。やがて、ヨーロッパをカトリックと二分するプロテスタント（抵抗する者）が形成されていき、東方正教と合わせてキリスト教三大宗派の地位を築く。

ここまでは一応、日本の教科書にも書いてある。問題は、なぜ贖宥状が許せなかったかである。ルターは単に「クリーンな教会」を目指したのではない。現代世界の宗教原理主義をはるかに凌駕《りょうが》する危険思想ゆえに、ローマ教会に楯突いたのである。

プロテスタントの教義の本質は豫定説《よてい》である。すなわち、天地開闢《かいびゃく》のときから終末まで、すべて全能の主（God）によって豫《あらかじ》め定められている、という考え方である。この世で起きる理不尽な事象も、人間には計り知れない主の意思により完璧に定められていると考える教義である。

理の当然として、人間に自由意思はない。天国に行く者も地獄に行く者も、天地開闢のときに定められているのだから、教皇に贖宥状を発行する権利などない。これがルターの主張の本質である。

ルター派は一五二五年のドイツ農民戦争で、自分たちの信仰よりもスポンサーであるザクセン公の利益を優先した。そのルター派を批判して成立したのがカルバン派である。フランス人のジャン・カルバンは、流浪の末にスイスのジュネーブの街で神権政治を行う。つまり、宗教原理主義者が国を乗っ取って、恐怖政治を敷いたのである。

カルバン配下の「夜回り隊」は市民生活に入り込み、「正しい信仰生活を送っていない」と見なされれば、宗教裁判の後に処刑された。もちろん、疑われたという事実が有罪の証拠である。「夜に音楽を聴いていれば、正しい信仰を捨てたので処刑」が、当時のジュネーブである。

ちなみに、ルター派やカルバン派のようなプロテスタントは、現在も世界中で影響力を持っているが、あまりにも危険すぎてルター派やカルバン派からも排撃され、絶滅させられたツヴィングリ派という宗派もある。

ヨーロッパは、ローマ教会の支配から宗教戦争の時代に突入していく。教皇・教会、皇帝、国王、貴族、そして新興階級の地主や商人（ブルジョア）が勢力を競っていくことになる。

しかもこの時代には活版印刷が発明されたので、教会の司祭以外も聖書を読むことができるようになる。司祭は勝手な教えを押しつけることができなくなった。そこで理論武装のために、カトリックの教義を整備する必要がある。

布教という侵略から発展する大航海時代

第三の動きである対抗宗教改革は、このような状況で発生したのだ。教皇庁は教義の整備をするだけでなく、布教にも力点を置くようになる。

特に、イグナチウス・ロヨラを首領とする七人の大幹部が結成したイエズス会は、全世界にローマ教皇庁の権威を広めようと宣教の旅に出る。一五四九年、日本にやってきたフランシスコ・ザビエルは大幹部の一人である。宣教とは要するに洗脳であり、侵略の尖兵ということである。

俗に「まず貿易商人が、次に宣教師が、最後に軍隊がやってくる。貿易で関係を持ち、その土地の住民を改宗させて手なづけておけば、領主に逆らうので、簡単に軍事占領できる」と言われる。十六世紀、まさにこの手法で中南米とアフリカが侵略の餌食になった。

第四の動きの大航海時代は、カトリックの動向と連動している。最も成功した十字軍はイベリア半島のレコンキスタだが、失地回復に成功するやポルトガル人とスペイン人はインドを目指して海洋へ飛び出した。

当時は高級品だった胡椒《こしょう》を求めて地球の果てのインドへ向かったのである。貿易航路を確保する過程で、ポルトガルはアフリカを、スペインはアメリカ大陸を征服していく。

その略奪はすさまじく、緑の大地だったアフリカは、瞬く間に砂漠と化した。スペインはメキシコのアステカ帝国やペルーのインカ帝国を滅ぼした。武力こそ少数だったが、白人の持ち込んだ射幸心と疫病は猛威を振るい、迷信深い現地人は未知の白人の行動に翻弄された。

かくしてスペインは数百人で大帝国を滅ぼし、莫大な富を略奪する。

白人は大航海時代に海外植民地を持つことになるのだが、植民地とは搾取する土地の意味である。白人は、富を搾取するだけでなく、文化と矜持《きょうじ》を破壊していく。

征服した部族の王妃や姫を野蛮な兵士の慰みものとするのは、戦利品だからと当然視された。人妻を自分の傍にはべらせ、夫を奴隷としてこき使い、老人になり使えなくなれば夫妻とも容赦なく処分することなど珍しくない光景だった。

中南米やアフリカの国々は、いまは独立国である。では、これらの国の歴史教育で正しい事実を伝えればどうなるか。

人殺しの正当化にしかならない。

南部アフリカにあるジンバブエのムガベ大統領は、「白人財産没収法」を一方的に宣言した。白人の財産はすべて黒人から奪ったものであるから、政府がそれを召し上げるとの法である。やっていることは無法そのものだが、歴史事実の認定においては誰も否定できないほど正しい。

我々は歴史認識の問題を考えるうえで、現在の世界がどうなっているのかを認識せねばならない。そのためには、現実にこの数百年間、世界史の中心である白人がどのような発想をしてきたのかを知らねばならない。それすら知らなければ、国際社会で太刀打ちできるはずがない。

日本人は誰でも、「一五四九年、フランシスコ・ザビエルによるキリスト教伝来」などと習うが、なぜ彼がやってきたのか、その背景を知ることが世界の歴史、ひいては日本の歴史を知ることになるのだ。日本史と世界史のどちらかだけを知っていればよいというのは、歴史リテラシーとして間違っている。

ところで、「一五四九年、フランシスコ・ザビエルによるキリスト教伝来」という表現が、価値中立的でも何でもなく、極めてイデオロギー的に偏向した政治的表現であることに気づいたであろうか。

第二章　ウェストファリア体制と反近代の衝動

●第一節●　キリスト教の克服から近代が始まる

絶対君主の利己的な動きが近代の扉を開く

日本人は、ヨーロッパ人とはどのような人たちかを知らない。彼らがどのような恐ろしい歴史を経て近代をつくったのかを知らない。そして我々日本人が自明の常識と思っている近代を、長らくヨーロッパ人は拒否してきたのだという歴史を知らなければ、彼らを理解したことにならないのだ。

たとえば、「一五四九年、フランシスコ・ザビエル、キリスト教伝来」などと日本人は無邪気に記述する。では、ここで言う「キリスト教」とは何なのか。カトリックのことであり、キリスト教全体のことではない。

奈良時代にキリスト教が伝来していた、と言えば驚くであろうか。景教ことネストリウス派は、すでに伝来していた。

しかし、三大キリスト教宗派であるカトリックとプロテスタントとオーソドックスのすべてが、ネストリウス派を異端としている。だから、日本のキリスト教徒が「奈良時代にキリスト教が伝来した」とは絶対に認めない。このように、何気ない場面においても、ヨーロッパ人は歴史歪曲を仕掛け、日本人は無自覚に受容している。

暗黒のヨーロッパ中世末期、教会の支配から逃れようとする人々の勢力が強まった。宗教的狂熱から覚めた君主たちは、ローマ教会の影響を排除しようとした。イングランドのヘンリー八世やエリザベス一世、フランスのアンリ四世、ネーデルランド（オランダ）のウィルレムなどである。絶対主義の形成である。

自己の王権を強化しようとする動きは、宗教教団の束縛から脱却した世俗の政府を形成していく。すなわち、政教分離（Separation of Church and State）である。絶対君主の利己的な動きこそが、近代化の萌芽であった。

この四人の中で、最も利己的だったのは明らかにヘンリー八世である。離婚がしたい、ただそれだけの理由で彼はローマカトリックを捨て、独自の英国国教会（聖公会）を設立した。その後、七人の王妃を取り換え、そのうち四人を姦通の濡れ衣を着せて断頭台送りにしたヘンリー八世の人格は、間違いなく破綻している。

また、清廉の神学者として今日にも知られるトマス・モアは、国王の顧問であったにもかかわらず、政治的に対立したために、これまた処刑された。

当然ながらバチカンは国王を破門したので、国教会はプロテスタントに分類されるが、その教義はカトリックそのものである。急ごしらえの宗教にすぎなかった。しかし、世俗の国王が自由に宗教を捨てたりつくったりできる。もはや十字軍の時代のような教会の権威は、ブリテン島では通じないことを、この事件は示した。

当時のイングランドは、ウェールズこそ併合しているが、北のハドリアヌスの壁の向こうに強敵スコットランドが控えていた。

我々日本人は、イギリス（ブリテン）を一つの国民国家だと見なすが、現在でもサッカーやラグビーのワールドカップでは、別々に出場するイングランド、ウェールズ、スコットランドの排他的民族性を思い知らされる。

当時のイングランドは、熟練した弓兵こそ勇猛果敢で知られていたが、まだまだ欧州の小国である。しかし十六世紀の大航海時代、ポルトガルやスペインの海洋覇権に何度も挑戦している新興国でもある。

一四九三年、教皇アレクサンドル六世がトリデシリャス条約を制定し、教皇子午線より東はポルトガル、西はスペインと勢力範囲の分割を宣言した際、異を唱えた国が二つある。一つがイングランドである。イングランドは以後二百年、世界中で海賊行為を行い、この両国に嫌がらせをし続ける。

ちなみに、もう一つは地図で引いた教皇子午線で地球の真裏にあたる日本である。日本人のほとんどは、なぜローマ教皇が地球の支配者を自認するのか意味がわからなかったであろうし、ポルトガル、スペインの両国とも、日本に条約を押しつけて自己の植民地とする実力を有していなかった。

イギリスとフランスで異なる宗教戦争

イングランド人の民族的記念碑となるのは、ヘンリー八世の娘であるエリザベス一世によるアルマダ撃破である。日本では「エリザベス女王によるスペイン無敵艦隊撃破」と記憶され、イギリスが世界の大国になったかのような錯覚さえ起こさせている。

この戦い自体は、イングランド艦隊の精強さよりも「神風」が勝利をもたらした。アルマダそのものはすぐに再建されている。戦略的には大きな影響はなく、女王治世の末期には、スペイン主導の包囲網で、イングランドは逼塞《ひっぱく》を余儀なくされているほどなのだ。そもそもスペイン艦隊の「アルマダ」とは「大艦隊」であり、「無敵艦隊」ではない。

日本人は、一つの画期的な事件があれば、その後に飛躍的な進歩を遂げるものだと歴史を捉えがちである。しかし、後に七つの海を支配する大英帝国も、一直線に世界の覇権を握ったわけではない。再びヨーロッパ西北の島の一部を支配するにすぎない小国に舞い戻るのである。

処女王として貴族からも国民からも愛された「ベス」の時代はともかく、後継の男王たちの時代は内乱期である。最大の理由は、宗教紛争である。狂信的なプロテスタントであるカルバン派の清教徒がカトリックに信教の自由を認めなかったために、王権は揺れることになる。この顚末は、別の項に譲ろう。

ドーバー海峡を挟んだ隣国のフランスでは、王位継承問題に宗教問題が絡んだ三アンリ戦争が繰り広げられた。

ベジエの大虐殺以来、フランスはカトリックの勢力が強い。しかし、バチカンの支配を嫌う勢力はユグノー（カルバン派）として結集し、血みどろの争いが八十年も続いていた。これを統一したのが、アンリ四世である。

一般にフランス最大の英雄はナポレオン・ボナパルトと思われているが、フランス人にとって最大の英雄はアンリ四世である。王はプロテスタントの代表者であったが、カトリックに改宗することで統一を達成した。

また、ナントの勅令で信教の自由を認めた。あまりにも激しい宗教戦争の歴史を持つフランスだからこそ、他のヨーロッパに先駆けて融和的政策が受け入れられたのである。一言でまとめれば、「殺し疲れた」のである。

フランスは、東にオーストリアのウィーンを中心にドイツに根を張る神聖ローマ帝国、西に巨大な海外植民地を持つスペインと、ハプスブルク家の「双頭の鷲」に挟撃される位置にある。

国内に宗教紛争を抱えつつ、ブルボン王家はハプスブルク家の覇権に常に挑み続けた。外交的には、ハプスブルク家とバチカンの陰謀に敗れ続けたが、軍事的には常に侵略を防ぎ続けた。

フランスは、イスラム教徒への対応も独特である。七世紀にイベリア半島に上陸したイスラム教徒が侵入しようとしたときは、ピレネー山脈という天然の要害を利用して防いだ。十六世紀にバチカンとハプスブルク家が中心となって東方のオスマン帝国と戦ったときは、フランスは無視した。

むしろ、ヨーロッパの中で真っ先にオスマンと親交を結んだのはフランスである。宗教的侵攻よりも、地政学や軍事的力関係を理由に外交行動を選択したのもまた、フランスがヨーロッパで最初なのである。

アンリ四世の方針は、ルイ十三世の宰相であるリシュリューやマザランが完成させることになるのだが、これもまた項を改めよう。

オランダとだけ交易した理由とは

ハプスブルク領のネーデルランドでは、八十年に及ぶ独立戦争が起こる。これは経済的に実力をつけた新興ブルジョアジーが、地元貴族を押し立てて起こした戦いである。

八十年に及ぶ戦いの最中、ネーデルランドは事実上の独立を果たし、世界中で植民地争奪を行い、そして三十年戦争に突入する。ネーデルランドは欧州における領域こそ少なかったが、世界各地で覇を競い、日本にまで訪れる大海洋勢力に成長する。

こうした政治経済的利益によって始まった戦いが、宗教を理由にして終わらないことは往々にしてある。ネーデルランドとハプスブルク家の抗争がまさにそれであった。

ネーデルランドの絶頂期はオレンジ公が君主の時代である。経済力に基づく大海軍は、スペインやイングランドを圧倒した。インドネシアではイングランドがオランダ海軍に完敗し、東アジアから百年の撤退を強いられるほどである。

なお、欧州において三十年戦争が繰り広げられた時代、日本の江戸幕府は「鎖国」と称する武装中立を行った。カトリックを敵視した日本人は、オランダとだけ交易を続けた。なぜか。江戸時代の日本は、ポルトガル、スペイン、イングランドとの交易を断って「鎖国」を行い、キリスト教を禁止したとされる。このうち、オランダとの抗争に敗れて自ら東アジアを去ったイングランドは除外しよう。残るポルトガルとスペインはカトリックである。つまり、江戸幕府はカトリックを拒絶し、プロテスタントのオランダとは通商を続けているのである。

江戸幕府は決してキリスト教全体を禁止したのではなく、カトリックこと「切支丹」を禁止したのである。ここにも、日本の歴史教科書に入り込んだ、カトリック史観が発見できる。

それはともかく、カトリックが布教して警戒されたのに対して、プロテスタントは貿易に終始した。この理由こそ、両者の教義の根本的相違である。

両派とも、主（God）を万能の絶対者と見なす。なぜ主は万能なのか。カトリックは「奇跡」を根拠とする。主はいついかなるときも奇跡を起こせるから、万能なのである。

それに対して、プロテスタントは「豫定」を根拠とする。主は、天地開闢のときに、終末（ハルマゲドン）までの事象を豫め定めていたとする。よって、最後の審判の日において、天国に行く者と地獄に行く者も豫め定められている。有色人種は天国に行けるようには定められていないので、布教などという無駄なことはしないのである。

江戸幕府にとって、布教を通じて日本を支配しようとするカトリックは、敵として排除する必要があったが、より一層の悪意を抱くプロテスタントのオランダ人は無害だったから、二百五十年の友好が成立しえたのである。

オランダ人にとって、ネーデルランド独立戦争の最終局面は三十年戦争である。この戦いに、日本は危うく巻き込まれるところだった。大坂の陣でも、島原の乱でも、切支丹浪人が大挙して反徳川の陣営に参集した。島原の乱では友好国としてオランダが艦砲射撃を行った。日本はプロテスタント寄りの中立を保つことになる。

さて、前章以来、大航海時代、宗教改革、対抗宗教改革の絶対主義との複雑な関係を見てきた。絶対主義は、反教会的な動きでありながら、宗教戦争の主体となっていく。宗教の克服による近代化には絶対主義が必要だったのである。キリスト教の側にそうはさせまいとの反動的抵抗があったからこそ、摩擦が拡大したのである。

●第二節●　絶対王権が国家主権の原点

五つの要素で絶対主義を確立する

フランスの異端審問官ジャン・ボダンが『国家論』を記し、「主権」の概念を定義した。観察と実験による魔女狩りの専門家であるボダンが、近代政治学において最も重要な概念を発明したのは皮肉である。

主権とは、「地上において主（God）の力を代行する権力」のことである。

ボダンが生きた中世末期のフランスは、三アンリ戦争の余波でモザイク模様の宗教分布になっていた。アンリ四世がカトリックに改宗して国教をカトリックに定めたといっても、ユグノー（プロテスタント）の抵抗は激しく、さらに貴族の反乱が結びついて、歴代国王は悩まされ続けた。教会や貴族がバラバラに土地を支配しているのでまとまりがない。

だから、国王に権力を集中して国家を統合しようとの理論が生まれた。それが絶対主義であり、事実、ボダンの理論は王権によるフランス統一に貢献した。

現在、フランスは最も完成された国民国家の一つとされる。「フランス国民によるフランス国家」という理念の源流は、ボダンに求めることも可能であろうし、いまや「主権」概念そのものは全世界的に通用する。

十八世紀の初頭にルイ十四世があまりにも有名な「朕は国家なり」との名言を吐いたが、それは教会も貴族も抑え込んだという「天下統一」の完成宣言でもあるのだ。そこに至るまでの労苦は、ルイ十三世に仕えた宰相リシュリューと、その後継者にしてルイ十四世親政までの路線を引いたマザランによるものである。

アレクサンドル・デュマの小説『三銃士』の大悪役として知られるリシュリューが差配した一六二〇年代から四〇年代、フランスはルイ十三世の名の下に、急速に王権を強化していく。具体的には、五つの面から絶対主義を確立していった。

一つは、王権神授である（主張するフランス宮廷の人たちは、複数の学説の中の一つの説とは思っていないので、「王権神授説」ではなく「王権神授」が適切であろう）。王の権力は神（主＝God）から与えられたものであり、地上においては絶対の存在であるとの宣言である。これは宣言である以上、「である」論ではなく、「べき」論であり、異論を差し挟む者を力で叩き潰してこそ成立する主張である。

むしろ、王権神授に逆らう者が次々と叩き潰されることこそが、この説の正しさを証明しているかのようであった。だから、フロンドの乱のような貴族の反乱が、フランスでは年中行事と化していたのだ。

二つは、宗教勢力と諸侯の鎮圧である。フランスのブルボン王家は、常に神聖ローマ帝国とスペインの両ハプスブルク家に挟まれながら、内戦を抱えていた。日本であれば、「室町幕府が南北朝の動乱を抱えながら、慢性的に朝鮮半島へ出兵し続けているような状態」と言えばわかるであろうか。日本史で最も動乱に明け暮れた室町時代ですらそこまではしていないが、ヨーロッパでは内乱と外征の同時進行が普通なのである。

リシュリュー統治の前半は、欧州全土を巻き込んだ三十年戦争に外交的に介入しながら（もちろんスパイ活動や種々の工作を含む）、軍事的には内政に専念することにより、王権を確立していった。

ちなみに、室町幕府や江戸幕府は権力の誇示として「参勤交代」を諸大名に行わせたが、フランスにおいては、ルイ十四世の時代に貴族たちがヴェルサイユ宮殿周辺に集められた。ルイ十四世が「太陽王」として君臨するのは、まさに貴族に対してこれを強要できる力をつけたからである。なお、教会の抵抗は次世紀後半のフランス革命期まで続き、彼らは特権を手放そうとしなかった。

三つは、官僚制である。言わずと知れたヨーロッパ貴族社会において、身分にとらわれずに有能な人材を登用するための制度が官僚制である。現在のフランスは極端な中央集権の官僚国家であるが、試験官僚制はルイ十四世の時代に本格的に導入された。

四つは、常備軍である。リシュリューは国王親衛隊としての常備軍を率いて自ら戦場を駆け巡った。ただし、この段階の常備軍は金で雇った傭兵である。

五つは、重商主義である。貿易を盛んにし、国富を蓄えた。

リシュリュー枢機卿は権謀術数でフランス内外から恨みを買い、宗教者としての道徳的評判を落としたが、政治家としては稀に見る無私の人であった。彼が口にした「私の第一の目標は国王の尊厳、第二は国家の盛大」は、「国家理性」と呼ばれる。宗教でも貴族の特権でもなく、「お国のため」という思想を最優先に考えた。

国家主義がいかに穏健な思想であるか、わかるであろうか。

以上、絶対主義の五要素として、王権神授、諸侯と宗教勢力の制圧、常備軍、官僚制、重商主義が挙げられるが、最も完成されたとされるフランスですら、不十分である。

欧州の絶対主義を二百年先取りした足利義教

さらに言えば、同時代の日本の江戸時代よりも、むしろ室町幕府の三代将軍足利義満《あしかがよしみつ》や六代将軍義教《よしのり》のほうが近いであろう。

絶対主義の五要素を義満に当てはめると、皇室簒奪計画の実行と肉薄、諸大名鎮圧と息子たちを有力宗派に送り込むことによる宗教界の制覇、親衛隊である奉公衆の編成、官僚機構としての奉行衆の整備、勘合貿易による経済の重商主義化になろうか。

息子の義教は、四代将軍である兄の義持《よしもち》が全否定した義満の路線を復活強化させる。父義満の宗教界制覇計画の一環として、比叡山延暦寺に送り込まれた義教は、開祖・最澄以来の天才との評判により、家柄ではなく実力で天台座主の地位を得る。

兄義持の死による後継争いでは、有力な対抗馬などいない状況にもかかわらず、籤引《くじび》きという形式で将軍位に就き、将軍宣下後は「神意」による政治を推し進めた。

宗教界制圧は徹底を極め、自分の出身母体である延暦寺に反対派の僧を閉じ込め、根本中堂で自殺に追いやっている。義教は、延暦寺を焼き討ちにした史上初の政治家となる。

南北朝合一後も抵抗を続ける後南朝を壊滅させ、九州の動乱を平定し、事あるごとに京都の将軍家に楯突いてきた鎌倉公方の勢力も一掃した。琉球王国を島津家に与えたのも義教である（これは、後の島津家の琉球侵攻の大義名分となったのみならず、明治政府の国境画定交渉でも日本の領有権主張の根拠とされた）。

義教政権の中核となったのは親衛隊である奉公衆であり、一万人に及ぶ兵力を京都とその周辺に常駐させた。諸大名の常備兵力が数千の規模なので、最強の武力を誇る将軍の権威は向上した。戦場では常に、最精鋭の戦略予備として決戦局面で投入される集団であった。

後の応仁の乱では、将軍の住む花の御所の目の前で一〇万の軍勢が合戦を繰り広げることとなるが、その際に動座した天皇や上皇をはじめ、朝廷と幕府の有力者を護衛していたのが、この奉公衆である。戦国時代は応仁の乱ではなく、その三十年後の明応の政変において奉公衆が解体されたことに始まる。

戦国時代、細川、大内、三好、松永、織田などの有力大名が上洛して覇権を築く。彼らのすべてが頼りにしたのが、畿内の行政を担う奉行衆である。それだけの官僚機構が、義教の時代に整備された。室町幕府の滅亡は、織田信長政権による奉行衆の完全吸収を指す。

義教は勘合貿易を復活させ、以後の幕府の莫大な財源となる。いわゆる下剋上とは、勘合貿易の権益が将軍家から大名家に移ることを嚆矢《こうし》とする。

つまり、応仁の乱は他のすべての大名を没落させたが、堺商人の利益を代表する細川氏と、博多商人のそれである大内氏だけは、勘合貿易の利権を独占することによって、かえって勢力を拡大した。現金収入による経済力が権力に直結する時代である。

嘉吉元年（一四四一年）の義教暗殺により、室町将軍家の権威は低下して戦国時代に突入するとされるのだが、それでもなお百年以上も幕府は続く。それだけのシステムを義教は構築していたのであり、その中身はヨーロッパ流絶対主義を二百年先取りするものだった。このシステムは戦国の動乱を経た徳川幕府において、より洗練された制度として復活する。

世俗的な利己主義が宗教戦争を終わらせた

なお義教は、政権担当初期こそ朝廷に対して自己の権力を誇示したが、本質は尊皇家であった。ここには、王権の確立こそ国家への奉仕と信じたリシュリューの「国家理性」に通じる精神がある。

永享《えいきょう》の乱に続く結城合戦《ゆうきかっせん》で、義教は天皇に「治罰《ちばつ》の綸旨《りんじ》」を奏請《そうせい》している。義教死後の幕府は、事あるごとに治罰の綸旨を奏請することとなるのだが、これは幕府の威厳低下と相対的な朝廷の権威向上をもたらした。戦国大名は室町幕府の支配を逃れ、独自の領国支配を進めていく。その際に領国内で支配の正統性を示すために、朝廷の権威を振りかざすのが常だった。

たとえば、織田信長は権威の破壊者として語られることが多いが、その生涯を通じて朝廷に多額の献金を欠かしておらず、伊勢湾の利権をめぐる今川氏との争いから、本願寺との和議に至るまで、事あるごとに天皇の権威を振りかざして政治的危機を乗り越えている。

他の大名も同じようなものである。豊臣秀吉や徳川家康が最終的に戦国の統一者となれたのは、朝廷による権威付与が大きい。秀吉や家康の権力は、天皇の承認によって権威を得ることとなる。

国家の統一には、王権の権威が求められたのである。

武力も経済力も持たない日本の皇室は、政治的及び文化的権威に徹したが、ヨーロッパでは王権そのものが政治動乱の主体であった。

十七世紀フランスに話を戻すと、リシュリューは絶対主義を押し立てつつ、国家主義を展開した。

国家主義とは、「国内のいかなる者も支配に従わせること」と「国外のいかなる者からも干渉を受けないこと」であるが、リシュリューは絶対王権を確立することで、この二つの意味での国家主権を実現していったのである。

リシュリューは、同時代のカトリックとプロテスタントが殺し合いを続けた三十年戦争には直接的介入を避け、内政に専念した。そして、一六三六年に満を持して介入したが、このときはプロテスタント側についてカトリックのハプスブルク家を攻撃した。ここに、宗派により敵と味方が分かれる宗教戦争が終焉へと至るのである。世俗的な利己主義こそが、正義を唱える悲惨な宗教戦争を終わらせたのである。

欧州各国はフランスに倣い、絶対主義そして主権国家への道を歩むのであるが、そうした主権国家が並立することにより、無制限の殺し合いではない目的限定戦争が可能となっていくのである。

●第三節● 国際法とは「王際仁義」であり「法則」である

宗教原理主義の超克で生まれる近代国家

三十年戦争は最後の宗教戦争であり、その和約であるウェストファリア条約により、現代の我々が想像する近代国家ができあがった。

ただし、一六四八年に突如として近代が始まったわけではない。それ以前から前近代的な宗教原理主義を超克しようとの動きがあった。反動とのせめぎ合いの中で行われた総決算が三十年戦争なのである。

三十年戦争と言っても、毎日戦っていたわけではない。一番多い数え方だと三十年間に一三度の戦争が行われ、一〇の平和条約が結ばれた。

戦争の原因は、ドイツ地方にも領土を持つスペイン・ハプスブルク家がプロテスタントを弾圧したことであるが、そのことが反対勢力をかえって結束させ、ネーデルランド独立戦争と同時並行で、ヨーロッパ中の勢力を巻き込んで大戦争に至った。ドイツ地方は三十年戦争最大の激戦地であり、土地の三分の二が焦土と化し、人口の四分の一が消滅したとも言われる。

戦場の中心は、ボヘミア、デンマーク、スウェーデンと移り、最終局面でフランスがスウェーデンについたことで、大戦は終結に向かう。この政治過程を主導したのはリシュリューを継いで宰相となったマザランだった。

リシュリューが死んでから二年後の一六四四年十二月四日、ドイツのウェストファリア公国で和平会議が開かれる。世に言う、ウェストファリア会議である。この会議には六六カ国が参加した。ヨーロッパの目ぼしい国はほとんど参加している。

当時はヨーロッパに数えられていなかったトルコやロシア、東方の大国であるポーランドと清教徒革命の真っ最中だったイングランド以外がすべて参加したことになる。参加した一四八人中、四分の三はドイツ諸侯だった。

会議は最初から一カ所で開かれたわけではない。新教徒はオスナブリュックに、旧教徒はミュンスターに集まった。そして席次を決めるだけで半年をかけた。現代人は「何を馬鹿な」と笑うかもしれない。

しかし、当事者能力のある有力者がノコノコと出ていって暗殺されないとも限らない。まず不信感を取り除く、そのためには敵（すなわち悪魔）とも話し合うことを双方が了解しなければ、会議そのものを始められない。

また、外交席次は国家の格付けを意味する死活問題である。これまた、参加当事者すべてが納得する理屈をひねり出さねばならない。

こうした「格付け会議」は、現在に至る外交儀礼の確立をもたらす。「大使は公使より格上である」「陛下は閣下よりも格上である」「君主は対等であるが、席次は就位順にする」などである。

さらにこの会議では、当時まだヨーロッパ公用語であったラテン語の不使用が提議され、各国の代表は自国語を使用した。こうした格付けや言語の問題の決定的な変化によって、「主権国家は対等である」という事実が積み重ねられていく。

会議の間も戦闘は続き、一六四八年夏にフランス・スウェーデン連合軍が、神聖ローマ帝国とバイエルン軍を撃破し、オーストリア・ハプスブルク家の要衝プラハを包囲して、戦局は決定的にプロテスタントとフランスの連合軍に有利となった。

主権国家の並立で拡大するウェストファリア体制

一六四八年一月三十日のスペイン・ネーデルランドの講和条約調印を皮切りに、最終的には十月二十四日の講和条約正式調印に至り、ようやく三十年に及ぶ欧州の大戦は終結した。

条約の主な内容は、以下の通りである。

第一に、アウグスブルク和議を破棄した。これは、一五五五年にカトリックがプロテスタントを容認した約定のことであるが、そもそも守られていなかった。それを正式に破棄し、カルバン派を公認したのである。

第二に、ハプスブルク世襲領以外での話だが、領民に領主と異なる宗教の信仰を許可した。すなわち、信仰の自由である。

第三に、神聖ローマ皇帝の立法権と条約締結権は、ドイツ諸侯からなる帝国議会が拘束することが取り決められた。

第四に、帝国諸侯の統治権は、帝国と皇帝に敵対しない限り承認された。皇帝の諸侯に対する命令権の否定と不介入権の容認である。諸侯には外国との同盟権も認められた。実質的には神聖ローマ帝国の瓦解をもたらす取り決めである。

第五に、スイスとオランダは長年にわたる独立戦争の成果が認められ、神聖ローマ帝国から正式に独立した。

第六に、フランスとスウェーデンは領土を拡張し、プロテスタント陣営の勝利に最も貢献したスウェーデンは、賠償金を受諾した。正義の戦いから、金をめぐる戦いへと戦争の様相そのものが変化した。

なお、ドイツは三〇〇の諸侯が割拠する状態に分裂し、フランスとイングランドに都合のよい状況が、この後二百年続くこととなる。ちなみに、その二百年後にドイツを統一するプロイセンは三十年戦争で地位を向上させるが、まだポーランドの傭兵集団にすぎなかった。

この条約によって成立した体制を、ウェストファリア体制と称する。世界中の国際法の教科書では、次の三つの要点が強調される。

一つは帝国からの主権国家の独立、二つは対等な主権国家の並立、三つは教会権力と世俗権力の対等である。要するに、我々現代人が想像する主権国家は、ウェストファリア条約によって成立したのであり、広義にはいまだに世界はウェストファリア体制なのである。

ローマ教皇や神聖ローマ皇帝の支配を脱しようと、オランダ、フランス、イングランドで始まった絶対王権による国家の統一とそれらの国々の並立は、ウェストファリア体制により、急速にヨーロッパ中に広まる。

現代の国家は、土地を基盤とした領域国家であるが、この時点のヨーロッパはまだまだ属地法ではなく国王を核とする属人法の世界であった。国王はその領内で権力を行使し、すべての特権階級を従わせる。そして他の国王の介入を許さないことで、現在に至る主権国家の原型ができあがるのである。

「王際仁義」は現代に至る国際法の原型

現代の主権国家では二つの側面が求められる。国内的には治安維持能力であり、対外的には条約遵守能力である。

治安維持には、いかなる個人や団体に対しても、法に従わせる力が必要である。平たく言えば、「自分は特権階級なので、警察に逮捕もされなければ、裁判にかけられることもなく、刑務所に入ることもない」などという例外を許さないことである。例外を許さない実力を行使するのは、国家警察である。

条約遵守能力とは、他の国家と結んだ条約を第三者の介入を排して遵守できる能力である。これは教皇や皇帝の命令権に服していた前近代の諸侯には不可能であった。主権国家が条約を締結し遵守するには、軍隊が必要なのである。

国家警察も国軍も、指揮する主体は国王である。絶対権力を志向する国王が実力を独占することにより、警察力を行使し、軍隊の力により排他的な国家主権を維持する。ここに領邦主権国家が成立したのである。国王が暴力を独占することによって、国家としてのまとまりが保たれるようになるのである。

そして緩やかな歩みにはなるが、領邦主権国家においては近代化が進むにつれて、国民に武器を向けかねない警察と外国と戦うための軍隊が分離されていく。これも、国王が一度すべての暴力を独占したことにより、可能になったのである。

法的には、ウェストファリア体制成立直後においても、警察と軍隊はまったく違う体系である。

国内法は強制法である。すべての特権階級を法に従わせるために必要な権力が、絶対王権に基づく警察力である。警察力により、国王の名の下に裁判を行うことができる。いかなる者にも例外を認めず強制することで、国王による法が徹底される。こうして国王の主権が実体化していくのである。

では外国との諍《いさか》いはどのように解決するのか。すべての国が従う裁判所が存在しない世界では、決闘により決着をつける。中世においては、しばしば「勝利は正義の発露である」との価値観で、決闘裁判が行われた。決闘とは、貴族にのみ認められた神聖な儀式である。

ウェストファリア体制は領邦主権国家にこの資格を認めた。すなわち、戦争である。厳密な意味の戦争とは、宣戦布告で始まり講和条約発効で終了する法的状態のことである。これは双方の合意により開始され終結する。誰にも強制されない、合意法である。

欧州各国で主権を確立した国王は、国内法における強制法と対外的な合意法を区別していく。これは当然で、外国から強制されるような国は主権を有していないことになるからだ。外国の干渉を排し続けることそのものが、主権国家の自己証明なのである。

こうして、強制法である国内法から分離する形で、合意法としての国際法が成立していく。ウェストファリア条約が世界中の教科書の第一ページで語られるのは、まさに戦争の儀式を手順化したからである。

国際法は、International Lawの直訳である。「国際法」と訳すので、江戸以来の日本人は国内法の如き強制法だと誤解してきた。

ここで言う法（Law）の実態は、「仁義」のことである。ウェストファリア体制における国際法の主体は、領邦主権国家すなわち国王であるので、「国際仁義」というよりも王侯貴族の信義則という意味で、「王際仁義」と訳したほうが正確であろう。領邦主権国家を率いる王様同士の仁義こそ、現代に至る国際法の原型なのである。

仁義と言うと、ヤクザの仁義を想像する向きもあろうが、同じものである。ヤクザはなぜ仁義を守るのか。報復の口実にされるのを恐れるからである。「仁義を破った者」と「国際法を破った国」は同じであり、弱いと思われれば報復される。逆を言えば、破っても強いと思われれば報復されない。「王際仁義」の原理はいまでも生きているのであり、国際法が法でありうるのは、軍事力による抑止力のためである。

そして国際法（International Law）の「法」には、もう一つの意味がある。「法則」である。

●第四節● 戦争はなくせないとの思想が「文明」をもたらした

慣習が蓄積されることで確立する国際法

三十年戦争の最中、オランダ人のフーゴー・グロチウスは『戦争と平和の法』を記し、国際法の必要性を訴えた。グロチウスの主張を現代的に理解すると、「戦争に良いも悪いもない。だからこそ戦争にも守るべき法がある」となろう。

ここでグロチウスの提唱する法とは、現代民主主義国の国会が制定する法律のようなものとはまるで違う。むしろ、自然界に存在する法則のようなものである。グロチウスにとって法とは、制定するものではなく、発見するものなのである。これを自然法思想と言う。

グロチウスの提唱、そしてウェストファリア体制以来、人類は国際法の発見と発展に尽くしてきた。誰かが「発見」した際に認められて（合意されて）、国際法は確立される。そのような蓄積のうえで、現代においても最も確立された国際法だと認められる法則が三つある。

第一は、世の中の状態には戦争と平和の区別があるということ。

第二は、戦時において味方と敵と中立国の区別があるということ。

第三は、戦時において戦闘員と非戦闘員の区別があるということ。

いずれも、グロチウスの提唱であり、高名な宗教学者でもあった彼は、このような三つの法則の発見を、大著『戦争と平和の法』において縷々《るる》説明している。

そもそも、書名が「戦争と平和」である。グロチウスが生きた当時のヨーロッパ人にとって、戦争状態が日常であり、平和は非日常だった。だから、「平和と戦争の法」ではないのだ。世の中には「戦争状態と平和状態がある」との発見を主張しながら、「そのけじめをつけよ」と提唱するのが、グロチウスの論法なのである。

たとえば、「戦争をなくそう」と全世界の国が条約を結んだとしよう。宣戦布告で始まり講和条約の発効で終わる国家間の決闘としての戦争は、根絶できるかもしれない。では、すべての諍いが消滅するであろうか。宣戦布告を行わないで戦いを始めるだけである。よって、第一法則は否定されたことにはならない。

「発見」された「法則」は自明ではあるが、どこまで実質を伴うかは、国際社会の主体である主権国家がどこまで発見された「法」に忠実であるかにかかってくる。すなわち、国際法の確立とは慣習が蓄積されることである。

軍事合理性を抜きにした理想など存在しない

では、どのようにしたら慣習を蓄積することができるのか。何よりも軍事合理性に適っていることが必要である。たとえば、軍使を殺すと敵だけではなく味方にも不利となる場合がある。だから、殺すべきではないという合意を広げる形で慣習を蓄積し、国際法が確立していくのである。

また、非戦闘員の殺傷は、戦闘行動の遅滞になるから軍事合理性に反する。

三十年戦争の好敵手といえば、神聖ローマ帝国の傭兵隊長であるヴァレンシュタインとスウェーデン国王のグスタフ・アドルフである。この二人の名将は、兵たちの略奪や残虐行為に悩まされ続けた。

この時代の兵士は傭兵ばかりだが、彼らは戦闘よりも略奪を報酬と考え、残虐行為を余興としていた。だから指揮官が略奪の禁止を命じようものなら、その瞬間に槍衾《やりぶすま》を突きつけられかねなかったのである。国際法の確立は、敵と味方に分かれているヴァレンシュタインとグスタフ・アドルフの双方にとって利益があるからこそ、広がりえたのである。

いささか余談になるが、軍使に起源を求められる外交官は、軍人の派生職種であり、相互に公認し合ったスパイなのである。国際法は、スパイのような非合法な存在を否定するが、そのような非合法の存在を想定しているのである。

また、外交言辞において相手の非合法行為を非難することはあっても、そのような悪徳は当然ながら、自分も行っていなければ主権国家失格なのである。日本人は「建前と本音

「を使い分ける」などと批判されるが、これこそ欧州人の「建前」による非難にすぎず、日本人だけがこのような非難をされているという時点で、彼らのほうがむしろ巧妙に使い分けていると考えるべきである。

当時から現代まで、国際法は外交官の武器だが、軍人の論理で成立している。国際法には、軍事合理性を抜きにした理想など、存在しないのである。もしそのようなものが外交交渉で国際法の名の下に飛び出したとしたら、誰かが自己の利益のために言い出す場合だけであろう。

この論点に関して、兵器廃絶の事例を挙げておこう。

ダムダム弾は、体内へ螺旋状に入り込み破裂し、苦しめて殺す。しかし、性能が良い貫通弾が発明されると、何の意味もないダムダム弾はすべての国で廃絶された。

一方、核軍縮の理想をいかに声高に唱えようと、最強の兵器としての存在意義がある以上、小国こそ生存のために開発しようと躍起になる。むしろ核拡散防止条約を推進した当時の核保有国が、どの国の核武装を警戒したかを考えなければ、国際社会の実相など見えないであろう。

ウェストファリア体制は目的限定戦争を可能にした

さて、グロチウスの思想的影響は大きく、ヨーロッパを千三百年間も支配していた宗教戦争の価値観と決別させた。差別戦争観から無差別戦争観への移行である。

差別戦争観とは、「世の中には正しい戦争がある」とする思想である。だから、正戦論とも呼ばれる。イスラム諸国の場合は特に「聖戦」の字を当てる。もちろん、神のための戦争こそ正戦である。

正戦論における敵とは悪なる存在であり、悪魔あるいは犯罪者である。妥協は介在しない。敵との交渉自体が、悪魔（犯罪者）との取引である。ウェストファリア会議で、会議そのものの成立に時間がかかった所以《ゆえん》もここにある。

あるいは前章で見た事例だが、フェデリコ二世がイスラム教徒との交渉によって聖地エルサレムを奪還したことに、バチカンが怒り狂ったのもこれが理由である。差別戦争観（正戦論）の世界での戦いは、相手を皆殺しにするまで終わらない。そして、ヨーロッパ千三百年の暗黒の中世においては本当に相手を皆殺しにした例が少なくないことをもまた指摘した。

差別戦争観、正戦論は「戦争、あらゆる諍いは根絶できる。だから、しよう」という恐ろしく危険な思想に駆り立てられて実践しがちなのである。その悲惨さの極みが三十年戦争であった。

それに対して、無差別戦争観は、戦争そのものには善悪の区別はないと考える思想である。戦争のやり方による善と悪だけがあると考える。

たとえば、戦争と平和の区別をつけないで停戦協定を破る、中立義務を破る、などは悪である。より厳密に言えば、道徳的な悪ではなく、不法行為としての国際法違反である。不法行為とは、何らかの賠償を求められる行為、という意味である。国家の場合は、金か土地により賠償を行うのが常であった。だから、無差別戦争観に基づく近代国際法の世界では、手続き論が整備された。

無差別戦争観を交戦する双方が共有していると、相手を滅ぼすまで無制限に続く宗教戦争とは違い、戦争の目的を限定することができる。よって無用の殺傷を減らすことができる。

この世界観においては、敵とは利害が異なる者にすぎず、状況が変われば敵と味方は入れ替わりうる。よって、外交交渉による妥協が成立するのである。外交交渉そのものが悪とされかねない宗教戦争の時代と違い、戦争は外交の手段と化していく。

また、宗教的信念とは無縁であるので、戦争廃絶不可能と考えるリアリズムが支配的になる。よって、決してなくならない戦争の手続きを精緻化する「発見」が行われ、いつしかグロチウスが行った「主の定め賜った法則の発見」などというまどろこしい説得は不必要となり、「蓄積された慣習は国際法として確立しているものと見なそう」という風潮に変化していく。

宗教戦争の時代は殺戮を自己目的化していたが、目的限定戦争は無意味な殺傷を禁止する方向に向かった。

こうして、ウェストファリア体制により近代国際法が成立していく。戦争は「決闘の法理」に基づく文明国間の神聖な儀式となった。実態をはっきり言えば、主権国家を有する王様にだけ許されるゲーム（余興、果たし合い）となった。

ただし、この場合の国際法とは欧州公法にすぎず、適用されたのはヨーロッパの主権国家だけであった。外部世界に対する植民地戦争においては、宗教戦争と変わらぬ殺戮と略奪が続けられる。

二重基準である。

主権国家を持つ資格のない非文明国になど、文明の法を適用する必要はないというのが彼らの考え方であった。

●第五節● ウェストファリア体制を認めなかった人たち

ヨーロッパの近代が始まる画期的な一言

ウェストファリア会議において、戦勝国スウェーデンのクリスティーナ女王が人類史に残る画期的な一言を言い放った。

「異教徒を殺さなくてよい」

本書をここまでお読みいただいた読者諸氏は、この一言以前のヨーロッパ社会がどのようなものだったか、そしてなぜ画期的だったかが理解できるだろう。

「異教徒は殺さなければならない」

敵に対する魔女狩りや十字軍は言うに及ばず、裏切り者は異端審問にかけて苦しめて殺さねばならない。これが、ローマ帝国末期から三十年戦争にかけて、ヨーロッパの暗黒の世紀において支配的だった価値観である。

だから、クリスティーナの一言は画期的だったのである。敵であるカトリックはもちろん、味方のプロテスタントも三十年戦争に疲れていたために、受け入れられやすい環境があったのだ。

彼女の一言は、宗教的寛容と呼ばれる。「心の中では何を考えてもよい」とする精神である。以後、まともな国はこれを通義として尊重している。憲法典に書いていようがいまいが、実質的に守らねばその国はまともではない。政府権力が個人の内心に干渉してならないことが、文明国の第一条件なのである。これは、魔女狩りや異端審問で「心の中で違うことを考えているかもしれない」という理由だけで、多くの人々が殺された反省である。

先にウェストファリア条約で見たように、領民は領主と違う宗教を信じてもよくなった。国王そのものも、自由に宗教を選ぶことができるようになった。ヨーロッパの近代は、実にクリスティーナの一言から始まると言っても過言ではないのである。

しかし、あくまで「殺さなくてもよい」である。「殺してはならない」という価値観がヨーロッパで定着するには、まだ数百年の殺し合いを経ねばならない。

なぜならば、クリスティーナは当時の価値観では奇人変人の類にすぎないからである。

たまたま、その後の歴史の流れの中で、彼女が示した価値観が勝っただけである。

法治主義の端緒となった世俗主義の確立

それまでにも、中世キリスト教の価値観を真っ向から否定する立場はあった。前章で見たように、中世的価値観と非宗教的な価値観の複雑なせめぎ合いの中で、総決算としての三十年戦争を迎えたのである。まだまだ、反動勢力は健在だったのである。

確かに、ローマ教皇使節は宗教的不寛容を叫んだが、無視され、教皇の条約無効宣言は何の権威も持たなかった。それでも、大航海時代の対抗宗教改革の流れの中で世界中に散ったカトリック勢力は、近代の植民地抗争の時代に隠然たる影響力を保持するのである。

何より、フランスやドイツのようなヨーロッパの主要国が、カトリックという内政問題を解決するのは二十世紀のことなのだ。フランスでは教育権をめぐりカトリックと第三共和政政府が争い、ドイツでは常にカトリック国教化を目論む中央党が政局の中心にいた。

また、十七世紀当時、ヨーロッパのマイナー民族であったアングロ・サクソン人の間では、反動的な動きが目立った。

イングランドでは三十年戦争が終わろうかという一六四二年、清教徒（ピューリタン）

と呼ばれる狂信的なカルバン派が革命を起こして国王を処刑するという暴挙に出て、オリバー・クロムウェルが独裁政治を敷いた。その後のブリテン島における国教会とピューリタンとカトリックの三つ巴の殺し合いの終結は、四十年以上先の一六八九年の権利章典制定を待たねばならない。

何より、近代化の波が訪れたヨーロッパから逃れ、独自の信仰生活を求めて新大陸アメリカにメイフラワー号が向かったのは、三十年戦争初頭の一六二〇年である。カルバン派の信仰に燃える彼らは、善良な現地人を殺戮し植民により土地を奪っていった。そして、キリスト教原理主義の色彩が強く残る国、アメリカ合衆国を建国することになる。

ウェストファリア条約は近代の始点とされるが、この段階で中世宗教法と完全に決別できたわけではない。ただし、この条約以降は大きな反動に対して結果的に近代化勢力が勝利した点で重要なのである。

西欧の近代化とは、キリスト教の穏健化による世俗主義の確立である。これは法治主義（英米法では、法の支配と呼ぶ）の原初である。主（God）による支配から、人の定めた法による支配、そしていかなる権力も個人の心の中に介入してはならないとする原則の確立により、文明を築いていくのである。

近代国際法の体系は戦国時代の日本そのもの

以上、日本人にとっては当たり前のことである。

日本には本格的な宗教戦争などなかった。西暦で言えば六世紀にあたる時期の神仏崇拝論争による蘇我・物部の争いも、七世紀の律令国家建設過程で解決している。

日本のあらゆる仏教宗派は、聖徳太子崇拝では一致できる。また、第十五代応神天皇を御祭神とする八幡大明神は、仏教を保護する八幡大菩薩でもある。イスラム教を守護するキリスト教の天使など、聞いたことがあるだろうか。

イスラム教は、新旧聖書とコーランを聖典と崇めるが、ユダヤ教は新約聖書の存在を認めない。もちろん、ユダヤ教もキリスト教もコーランを認めない。同じ神様を拝んでいるにもかかわらず、である。近親憎悪であろうか。

日本で最大の宗教戦争として石山合戦が挙げられるが、本願寺は端から勅願寺になったことを喜んでいるのである。天皇の権威により、自己の社会的地位が向上したことを喜ぶということは、その威光に服属するということなのである。天皇は政治の争いから超然としていた。

教皇も皇帝も紛争の当事者となったヨーロッパと違い、超然とした存在としての天皇がいたことが、日本では大きかった。

ちなみに、ウェストファリア体制で確立されていく近代国際法の体系は、戦国時代の日本そのものである。戦国時代の合戦はすべて目的限定戦争であり、何らかの世俗的利益に基づいて行われ、すべての戦争は外交の手段である。

このあたりは、日欧の拷問を比較してみればわかる。日本には人を殺傷することが自己目的化した拷問は存在しないし、快楽のための拷問を行った領主は、統治能力なしと見なされ、下剋上により放逐されるメカニズムが存在していた。

本章では、絶対主義の確立と宗教戦争の終結、そして近代化の原初段階を概観したが、日本人にとっての当たり前が、ヨーロッパ人にとっては当たり前ではなかった。この事実に対する無知と無理解こそが、歴史問題を考えるうえでの障害なのである。

第三章　ヨーロッパ近代の成立と身勝手な「文明」の押しつけ

●第一節● ヨーロッパ、東方のアジアに勝利す

ヨーロッパ公法にすぎない国際法の実態

三十年戦争は最後の宗教戦争と言われ、ウェストファリア条約により近代国家が成立したと言われる。ヨーロッパ人が誇り、全世界に広めた「文明」は、ここに成立した。

ただし、この世界観には疑義を差し挟む必要があろう。

まず、ウェストファリア体制は一六四八年から始まったが、できあがったわけではない。決して強固なシステムたりえていなかった。宗教とりわけキリスト教からの自由という試みは、その後の格闘を経て、最終的に後戻りしなかったと評価するべきである。近代化させまいとする反動は、なお数百年続くのである。

また、ヨーロッパ人が誇る「文明」は、ヨーロッパ半島の内部で適用される行為規範にすぎなかった。たとえば、ヨーロッパの王侯貴族の「決闘としての戦争」は、宣戦布告で開始され講和条約発効で終結するとした。これに違反した者は、国際法違反、すなわち文明に悖《もと》る行為として指弾された。

しかし、ヨーロッパ域外ではこのような規範は存在しない。アフリカや中南米、アジアの有色人種は力で征服し蹂躙するだけであった。植民地化を「文明の恩恵をもたらす」と称して、現地の言語や歴史を奪い、風俗や伝統を作り替えていった。「文明」の押しつけである。

ヨーロッパ人の文明は二重基準であり、国際法の実態はヨーロッパ公法にすぎなかった。

戦争は国家が行う決闘であるとの論理は、ヨーロッパ貴族の規範そのものである。つまり、貴人は国家（この時代は国王）の定めた法により裁かれるのではなく、自ら武器を取って身を守る権利があるとの思想である。

ウェストファリア型の領邦主権国家は、国内においてはこのような権利を教会や貴族から取り上げることにより、一元的支配を徹底していく。逆に、国家間関係においては、この自力救済権行使の方法を洗練していくことにより、国際法が確立していく。

国際社会において何者の支配にも服さない主権国家であると証明する資格は、究極的には軍事力である。軍事力は外交力の源である。そして、軍事力の源は経済力である。

言わば、鉄と金と紙である。この三つの総合力が国力であり、国として自立できる力のある者だけが国際社会で生きていける。それが国際法の適用される国際社会である。逆に、力のない者に文明の法は適用されないとするのが、ヨーロッパ人の決めた文明であった。

要するに、因縁をつけて、札束にモノを言わせ、最後に暴力で従わせる。綺麗に着飾っているが、結局は力によって世界を侵略し、「文明」を押しつけたのがヨーロッパ人である。そして、いまも世界はその影響下にある。

西欧人の「文明」を押しつける侵略競争

十六世紀、失地奪還（レコンキスタ）に成功したポルトガル人とスペイン人は、アフリカとアメリカを席巻した。弱い部族が住む土地は、問答無用の力で蹂躙した。先祖伝来何百年住んでいようが、海の向こうからやってきた白人が「ここは無主の地である」と宣言したとき、それを追い払う力がなければ、奪われ、殺され、犯され、そして奴隷にされた。高度な文明を誇ったメキシコのアステカ帝国やペルーのインカ帝国すら、簡単に征服された。

むしろ、ポルトガル人とスペイン人が競って「先占」を争ったように、植民地抗争の時代において白人が最も強敵視したのは、他の白人であった。

十七世紀、ポルトガルやスペインに代わり、オランダやイングランドが同じことを繰り返す。アジアにも侵略の魔手は伸び、インドネシアは新興オランダ帝国に侵食されていく。この三国に挑んだのがイングランドであり、三度の英蘭戦争で一進一退を繰り返しながら、オランダの勢力を奪っていく。

オランダは八十年に及ぶネーデルランド独立戦争でハプスブルク帝国の支配から逃れようとしたのだが、一六四八年に正式独立を獲得したときには、すでにイングランドの追い上げを受けていたのだ。

このような大航海時代が開始された原因は、前時代にトルコの脅威に対して、ヨーロッパはまったく歯が立たなかったからである。

彼らの歴史観は、一五七一年のレパントの海戦でヨーロッパ連合が勝利したことを強調するが、一五三八年にプレヴェザの海戦で大敗したことはできるだけ語らない。現にレパント海戦は一時的なまぐれ当たりにすぎず、以後も地中海の制海権はオスマン帝国に握られたままであった。だから、大西洋に飛び出して他の場所に版図を求めたのである。

それが十七世紀末になると、オスマン帝国の力にも陰りが見えてくる。一六八三年、オスマン帝国がオーストリア・ハプスブルク家の首都ウィーンを包囲すると、ヨーロッパのほとんどの国がウィーンに援軍を出した。オスマン帝国は撃退された。

続くカルロヴィッツ和平条約で、戦勝国となるオーストリアはオスマン帝国領ハンガリーを割譲させる。ヨーロッパが東方のアジアに勝利した瞬間だった。アレキサンダー大王や五賢帝のような太古の時代はいざ知らず、中世の十字軍が負けっぱなしだったことを考えると、事実上初めての勝利である。

この勝利に貢献したのがモスクワ大公国である。中央アジアで何度もトルコと角逐しながら勢力を伸ばし、ウィーン包囲作戦を失敗させるのに大きく貢献した。このとき、ハプスブルク家の援軍として活躍したポーランドは、北方の野蛮人としか扱われていなかったモスクワをヨーロッパとして認めることを提言し、他の諸国にも受容される。

ヨーロッパはアフリカやアメリカだけでなく、アジアでも勝利する。このようにして十八世紀は、ヨーロッパが有色人種に自分の「文明」を押しつけていく時代となるのである。

●第二節●　果たし合い（ゲーム）を楽しむ国王たち

以前にはありえなかったゲームとしての戦争

十八世紀、戦争は国王たちのゲームであった。だから文明的なのであり、実際に前世紀までのような悲惨は陰をひそめた。

ゲームであるということは、ルールが存在し、プレーヤーが明確であるということである。プレーヤーが明確であるとは、国際法の用語に換言すれば、敵と味方と中立が明確であり、戦闘員と非戦闘員が区別されているということである。もちろん、ゲームの開始は宣戦布告であり、終了は講和条約発効である。戦争と平和のけじめも存在する。

戦争当事者同士が時間と場所を決めて戦闘を行い、原っぱで戦っている両軍の戦闘を民衆が見物しているという牧歌的な風景は、この時代の産物である。昼間に戦い合った司令官が夜のパーティーで歓談する、遭遇戦で先制攻撃を譲り合い、譲った側が全滅してしまうなどという、宗教戦争の時代にはありえない事態が発生するのが、ゲームとしての戦争である。

もちろん、戦時国際法が完全に守られるわけではない。リシュリューの甥は「略奪親父」というあだ名通りの行為を行った。しかし、そのような違法行為があったとしても、ヨーロッパの中では明らかに文明は進歩していた。

十八世紀のヨーロッパに、歴史認識の問題など発生しようがない。なぜなら、すぐに次の戦争が始まるので、前の戦争の恨みなど覚えていられないからである。だから講和条約が締結されれば、それ以上の要求はしないという合意が実現できたのである。

この世紀の前半、東欧でも西欧でも、常に国王たちのゲーム（果たし合い）としての戦争が行われていた。

東欧では、一七〇〇年から二一年の北方戦争によりモスクワ大公国の覇権が成立する。この戦争は、スウェーデンのカール十二世が、デンマーク、ポーランド、モスクワの周辺諸国すべてを敵に回したことで始まった。

カール十二世は軍事においては天才的だったが、戦争を楽しむこと自体が目的のような国王だった。やがて周辺諸国すべての反撃により敗れ、スウェーデンは大国としての地位を失っていく。

政治指導者の有能さを測る尺度の一つが、最大版図の実現である。しかし、最大版図を実現した指導者が亡国をもたらすこともある。

三十年戦争初期のヨーロッパを指導したクリスチャン四世のときにこそデンマークは大国としての絶頂を迎えるが、この戦争での敗退が原因で、大国としての地位をスウェーデンに奪われる。

スウェーデンも尚武の気風にあふれた多くの国王の力で、北欧最強の大国の地位を確立する。しかし、最も軍事の才能にあふれたカール十二世が引き際を誤ったために、凋落の一途をたどる。徐々に、スウェーデン宮廷は英仏代理戦争の舞台と化し、もはや小国となったスウェーデンに見る影はなかった。

他山の石とすべきは、地球の四分の一に覇を広げ、日本の最大版図を実現したのが東條英機だったことだろう。

ヨーロッパ中で繰り広げられた国王たちの果たし合い

北方戦争でスウェーデンを叩き潰したのが、モスクワ大公国のピョートル大帝（戦勝以前は大公）である。大帝は、この戦争の勝利を記念して、国号をロシア帝国と改称する。

また、一七三〇年代のポーランド継承戦争で、ポーランドが大国としての力を失うにつれ、ロシアは東欧唯一の国として、西欧諸国と対峙していくこととなる。

西欧では、常に戦争の渦中にいたのがフランスである。内政は優れていたが、戦争は下手の横好きだったのがルイ十四世である。一七〇一年から一三年のスペイン継承戦争では、オーストリア、イングランド、プロイセンらの対仏大同盟に苦しめられた。外交も横好きだった。

この戦争の最中に、いくつかのエポックメイキングな事件が発生する。

まず、スペイン・ハプスブルク家の家系が絶えたのに乗じて、ルイ十四世がブルボン家からスペイン国王を送り込んだ。これが戦争の原因となる。フランスとスペインの陸軍力は当時のヨーロッパで一位と二位を誇る。周辺諸国が結束して干渉して抗争したのだった。

フランスは苦戦したものの、王位継承を認めさせる。三百年にわたりオーストリアとスペインの両ハプスブルク家の双頭の鷲に苦しめられてきたが、以後永遠に挟み撃ちにされることはなくなる。

代償は、地中海の要衝・ジブラルタルだった。イングランドは、この戦争の最中にジブラルタルを奪い、地中海の出口を押さえることで、ヨーロッパ諸国に対する制海権を主張することになる。

この後二百五十年の歴史で多くの国がイギリスの海洋覇権に挑戦するが、ヨーロッパ北部の港は英国海軍（ロイヤルネイビー）に荒らされるのが常だったし、南回りでブリテン島を目指してもジブラルタルを抜くことができずに、地中海に閉じ込められた。

なお、イングランドはこの戦争の最中にスコットランドを正式併合し、ブリテン島を完全に統一する（以後、イギリスまたは英国と呼ぶ）。

このようにヨーロッパでは、東はロシアから西はスペインまで、国王たちは果たし合いを楽しんだ。戦争とは、国の衰亡を賭けた国王たちのゲームなのである。

七年戦争は史上初の世界大戦となった

ここで日本人のヨーロッパ観に触れておく。日本の西洋史ではイギリスとアメリカとフランスでしか起こっていない市民革命の意義を強調しすぎるあまり、他の諸国の歴史を無視しがちである。ヨーロッパ中心史観に立っても、一七二一年から四二年に英国初代内閣総理大臣ウォルポールの下で始まり、今日まで続く議院内閣制が確立した意義を述べないのは不公正である。

アメリカはそもそもヨーロッパとして認められていない。フランス革命は後のページに譲るとして、フランスも含めて欧州のほとんどの国で絶対主義から啓蒙専制主義に移行した歴史を述べなければ、ヨーロッパ中心史観すら描けない。

十八世紀中盤には、オーストリアのマリア・テレジア、プロイセンのフリードリッヒ大王、ロシアのエカテリーナのような、自身が教養人であり、宮廷をサロンの場として文化を保護し、自己の領域で上からの啓蒙を行い、実際に影響力の大きかった君主たちを軽視する一方で、暴力の発露であった市民革命のみを強調するのは、よほどの共和主義者が日本の歴史書を記述していたからであろうか。

市民革命というマイナー事件などではなく、啓蒙専制君主たちの王朝戦争によって、歴史は動いていた。この時代のメインストリームはヨーロッパの君主たちであり、英仏墺普露といった欧州の大国は、こうして世界の大国となっていくのである。

その転機が、一七四〇年から四八年のオーストリア継承戦争と続く七年戦争である。

この二つの戦争で「ゲームとしての戦争」の様相が変化する。

ハプスブルク家の皇位継承をめぐり争われたオーストリア継承戦争で、イギリスはオーストリアに援助し、フランスはプロシアと組み戦った。まだまだ戦場は牧歌的であり、

「宣戦布告は相手が開戦準備をしてからであるべきかどうか」が、真剣に文明国が守るべき国際法として議論されていた。

イギリスは、外交交渉のためにアメリカやインドなどの海外領を獲得し、取引の材料として用が済んだと思えば、戦後にそれらの土地を旧保有国に返還するのが常だった。

だが、宮廷の「外交革命」により同盟関係が入れ替わり、プロイセンのフリードリッヒ大王を支持するのがイギリスのみとなり、フランスとオーストリアが宿敵関係を終了させてロシアに加えて他の小国を対プロイセン同盟に引き込むに及んで、ヨーロッパの戦争の取引材料としての海外が変化した。

欧州の陸戦では、フリードリッヒ大王が二度もベルリンを陥落されながらも健闘し、何とか防衛に成功したが、イギリスはこれに戦費とわずかばかりの陸軍を援助しただけであった。「金は出すが血を流さない貢献」とは、このことである。

イギリスはヨーロッパ大陸で突出した大国が出現しないように勢力均衡に気を配りながら、主戦場をアメリカとインドに定めた。

首席大臣のウィリアム・ピット（大ピット）は議会で演説して国民を熱狂させて戦費を調達し、軍隊に予算として配分し、思う存分に戦わせた。結果、カナダではウルフ将軍がケベックの戦いに、インドではクライブ将軍がブラッシーの戦いに勝利した。こうして、フランスに対するイギリスの海外での勝利は決定的になった。

一七六三年、講和条約であるパリ条約が結ばれた際、イギリスはヨーロッパの最強国となっただけでなく、世界の最強国となった。一七六三年は、英仏墺普露のヨーロッパの五大国が欧州だけでなく、世界の五大国となった年とも言える。

それまでの戦争が欧州大戦であったとするならば、実に七年戦争こそ最初の世界大戦であった。

●第三節● 国民戦争は相手を抹殺しない

七年戦争で一人勝ちの大英帝国の栄光

一七六三年の世界地図を広げてみると、アフリカと南北アメリカ大陸の要衝はイギリスやフランス、あるいは旧大国のスペインやポルトガルのものとなっており、アジアにも侵略の手は伸びている。

ユーラシア大陸には西からオスマン、ペルシャ、ムガール、清と四つの大帝国が存在した。だがすでに、オスマン帝国はロシアに領土を侵食され、インドのムガールではイギリスが拠点を築いていた。ムガール帝国内では皇帝の威令は届かず、各地の藩王（マハラジャ）はイギリスやフランスと結び、あるいは藩王間の対立を利用され、各個撃破されていく。

なお、七年戦争の最中の一七六二年、スペイン領マニラはイギリス艦隊により陥落させられている。これの意味するところは日本にとっても大きい。三十年戦争の最中に江戸幕府は武装中立政策（いわゆる鎖国）を行うが、百数十年の泰平に慣れて軍事力強化を行っていなかった日本に、そのような政策を実行する力は存在しなかった。

一七六九年に政権首班に登りつめる田沼意次《おきつぐ》などは、欧州諸国の脅威を認識し、鎖国（経済的には海禁、要するに貿易統制）の転換を模索するのだが、「祖法」に固執する幕府官僚の抵抗により果たせないでいた。

ただ、意次以前に長期政権（一七一六年～四五年）を築いていた徳川吉宗が、漢訳洋書輸入の禁を緩和することにより、民間の学問熱は高まり、飛躍的に海外への関心と研究水準が高まるのはこの時代である。

百年後に訪れる「黒船」に江戸幕府が右往左往したのは事実である。だが、日本人は未開人だったのではなく、官学でも民間の私塾でも知識欲が旺盛な層が厚かったからこそ、アフリカやアメリカ大陸の国々のような運命をたどらなかった点も強調されねば公正を欠くであろう。

さて、本題のヨーロッパに戻すと、七年戦争で一人勝ちしたイギリスに対して、他のヨーロッパ諸国は反感を抱く。その復讐戦が、一七七五年から八三年のアメリカ独立戦争である。

イギリスは七年戦争で拡大したアメリカ植民地を防衛する負担を現地人に課したが、これが彼らの謀反を招く（アメリカ独立戦争のイギリス側呼称は「謀反」である）。さらにイギリスへの復讐に燃える、フランス、スペイン、オランダが参戦した。

イギリスは無差別通商破壊と称して、アメリカ大陸へ物資を輸送する船は中立国であっても轟沈したので、ロシアの提唱により「武装中立同盟」という、イギリスへの敵対的同盟が結ばれた。

珍しく海戦でもフランスに敗れたイギリスは、ヨーロッパからの輸送路を断たれ、アメリカの独立を許してしまう。経済的には手痛い敗戦だった。

ただし、大英帝国の栄光はここで終わらない。イギリスは、七年戦争で大ピットが得たアメリカを失いはしたが、インドとジブラルタルは死守している。アメリカでは負けたが、インドとジブラルタルでは、むしろ勝ったのだった。

フランス革命を経てブルジョアが台頭する

ここで、本章の主題ではない話題をしよう。日本は第二次世界大戦の敗戦国である。特に、アメリカには武力戦で敗れたのでコンプレックスを抱き、ソ連の終戦間際の騙し討ちには敵愾心を抱きつつも、やはり敗北感を抱いている。しかし、イギリスやオランダに対してはどうか。

日本は開戦初頭に英蘭のアジアにおける植民地を一掃した。オランダは最後まで自力で取り返せなかった。イギリスは、日本の敗勢が明らかになったときのインパール作戦でこそ勝利したが、これも日本軍が補給を軽視した無謀な作戦を敢行したからであって、自力でインドを防衛したという感覚はない。イギリス側から見れば、むしろ日本軍の撤退直前まで敗北を覚悟していたほどの苦戦なのである。

はたして、敗れたイギリスやオランダが〝戦勝国〟の日本をどう思うか。英蘭両国の退役軍人を中心に、根強い反日の気風が存在している。昭和四十六年（一九七一年）の昭和天皇のオランダ訪問では、卵が投げつけられるというほどの恨みである。イギリスとも一九六〇年代まで、かなり険悪だった。

日本人の無邪気さが、敗戦国である英蘭の神経を逆撫でし続けているのである。

話をアメリカ独立戦争に戻すと、イギリスは七年戦争の恨みを買い、復讐された。しかし、戦争全体ではフランス以下連合国に敗れながらも、インドとジブラルタルでは勝利した。この二つの土地は、復活した大英帝国の最も重要な土地となる。

一方の日本人は、第二次世界大戦で英蘭に勝利しながら、その意識はない。このような態度は相手を怒らせるだけだろう。しかも日本人に「加害者意識」と「戦勝国意識」がないことこそが、相手の怒りに火を注ぐ。

敗戦日本にまったく欠如しているのは、戦争全体で敗北していても、部分的に勝利していたならば次の国家経営につながるという意識である。

アメリカ独立戦争直後に大英帝国を率いたのは、二十五歳のウィリアム・ピットだった。七年戦争の大ピットの二男で後に小ピットと呼ばれる青年宰相は、就任時に「大英帝国は破産している」と述べたが、近代経済学の祖と呼ばれるアダム・スミスを師と仰ぎ、自由主義貿易の推進により帝国を再建していく。

そのピットが直面したのが、フランス革命と続くナポレオン戦争だった。

フランスはルイ十四世以来、慢性的に戦争を行うがイギリスには連戦連敗であり、ようやく勝利したアメリカ独立戦争で財政破綻に瀕した。そして一七八九年、フランス人権宣言に代表されるようなイデオロギーが、ブルボン王朝を倒すに至った。

十八世紀を通じて戦争は国王のゲーム、果たし合いであり余興であった。ウェストファリア体制以来、王朝こそが国家であった領邦主権国家の時代において、土地や富の奪い合いはあっても相手の存在を抹殺するまでには至らなかった。

「自由、平等、友愛」というイデオロギーを掲げ、王朝を抹殺しようとする危険な暴力にヨーロッパ諸国は直面することになる。利害ではなく理念による争闘は、宗教戦争の時代以来久しぶりである。そして、心優しき国王だったルイ十六世は、暴徒の代表が多数を占める議会の多数決によって処刑された。

フランス革命のイデオローグにして独裁者となったマクシミリアン・ド・ロベスピエールは、恐怖政治の代名詞となっている。万世一系だったブルボン王朝の断絶は、アノミー（無規範状態）をもたらした。国家としての結集原理を失ったフランスは迷走する。そのロベスピエールもテルミドールの反動で処刑され、共和国の実権はナポレオン・ボナパルトに移り、やがて帝政に移行する。

かつての宗教戦争にしても、啓蒙主義のイデオロギーが暴走したフランス革命にしても、理念の戦争は相手の存在を抹殺するまで行いかねない。戦争の様相を残酷にする。

だが、フランス革命・ナポレオン戦争においては、かつての宗教戦争や二十世紀の総力戦と異なる決定的な安全弁が存在した。一七八九年から一八一五年までの長期にわたりヨーロッパ全土を混乱に陥れた大戦争でありながら、革命や戦争の前と何も変わらぬかのように旧態に復すことができた理由が、主権国家の枠組みである。

まず、フランス革命のイデオロギーは、王朝の打倒による混沌をもたらしたが、フランスという国家そのものは否定しなかった。かつてルイ十四世は「朕は国家なり」と豪語したし、干渉戦争を行っている諸外国もブルボン王朝を救援しようとしたが、国王や王家の存在イコール国家ではなくなっていた。

この革命干渉戦争に際して、フランス国民軍が徴募された。かつて僧侶や貴族のような特権階級が支配した時代、特権階級は土地だけでなくそこに住む人間も家畜と同様の財産として扱った。しかし、新興富裕層（ブルジョア）の台頭により、彼らは武器を持ち、特権階級の支配に立ち向かった。

彼らの矛先は特権階級だけでなく、革命を粉砕しようとする外国勢力にも向けられた。そして勝利し、国家としてのフランスを守り抜いた。

ナポレオンは敗れたが主権国家の枠組みは強まる

中世以来のフランスは、ベジエの大虐殺に見られるように、北部が南部を侵略していく歴史である。また、北部の首都パリでは、知識人の公用語はラテン語である。それが革命を機に、フランス語を話し、フランス国民という意識を持つフランス国家が形成されていく。

革命による階級闘争によってフランスでは深刻な殺し合いが激化したが、皮肉なことに外国の干渉がフランス人を階級の枠を超えて結集させ、フランスという国家の枠組みを強化したのである。

干渉戦争への勝利と祖国防衛は、ナポレオンという一人の軍事的天才が勝利したことによって可能となった。

なぜナポレオンはヨーロッパすべてを相手にして連戦連勝だったのか。ひとえに共同体軍の強さによる。他の国の陸軍は、傭兵に依存していた。彼らの目的は金であり、雇い主への忠誠心は皆無である。だから、戦場で逃げないように密集隊形が組まれ、軍楽隊の太鼓に合わせて移動するので、進撃速度が遅い。大砲が主武器となる時代には不向きな隊形である。

これに対して、ナポレオンは散兵戦術を採用した。本国に逃げればよい傭兵と違い、フランス国民軍は負けると逃げる場所がない。散っても、また戦場に戻ってくる。ナポレオンは他の国に比して三倍の機動力を持つ国民軍を率い、大砲の集中砲火で敵軍を各個撃破するのを得意とした。

戦争が長期化するにつれ、各国ともに傭兵をやめ、国民軍制度に移行した。国民戦争の時代の到来である。そして戦力が拮抗し、ついにナポレオンは敗れた。だが、ヨーロッパ全体に国民国家化の流れが広まり、主権国家の枠組み自体は強まる。

ナポレオン戦争の講和会議がウィーン会議であり、ヨーロッパにおける英露仏墺普の五大国による指導体制が確認された。これらの国々、特に英露仏はヨーロッパ域外においては帝国主義の論理を強め、有色人種を侵略し多くの国々を破壊していくのであるが、ヨーロッパ内においては主権国家尊重の原則を強化する。

特に、敗戦国のフランスも大国の一角としての地位が他の四カ国に認められた。これはフランス全権タレイランの卓越した外交力と、敗戦国でありながらも最強の陸軍力を保有していた実力により可能であったのは言うまでもない。

フランス革命やナポレオンを敵視した周辺諸国は、革命政権や帝政を打倒しようとはしたが、フランスという民族や国家を抹殺しようとは考えもしなかった。

繰り返すが、相手の総力を打倒するまでやめない、宗教戦争や二十世紀の総力戦とは様相がまるで違うのである。

余談だが、我が国の宰相・吉田茂は、「戦争に負けて、外交で勝つ」を口癖とした。しかし、ウィーン会議のタレイランとサンフランシスコ条約の吉田茂は条件がまったく違う。日本民族に無条件降伏を迫るアメリカに対し、全軍隊を解散してしまった日本は外交力どころか抵抗する術も失っていたのである。

日本人は総力戦を「自らの総力を出し切る戦争」と誤解している節があるが、そのような戦争は優雅な王朝戦争以来ヨーロッパではとっくに行われているのである。それは財政破綻するまで戦争を行ったブルボン王朝がなぜ滅んだのかを見れば明らかであろう。

フランス革命・ナポレオン戦争も含めたウェストファリア体制における「戦争」とは、主権国家を抹殺するまではやらない、儀式なのである。

●第四節●　中華帝国の「文明」観

日本と中国で異なる西洋国民国家体系への対応

ナポレオン戦争は、日本にも飛び火している。

一八〇八年、イギリス船フェートン号が長崎で狼藉《ろうぜき》を働いたが、日本は何もできなかった。オランダ船を装って乱入し、ナポレオン戦争での敵国民であるオランダ人を拉致し、奉行所から身代金代わりに食料と燃料を奪い、悠々退散したのである。この頃の江戸幕府は天下泰平に慣れており、警備の佐賀藩は兵を派遣していなかった。

江戸幕府には、オランダ商館から年に一回提出される『オランダ風説書』の情報から変化を読み取り、本国がナポレオンに併合されていることを見抜くような知見に優れた官僚も存在した。

しかし、後に「大御所時代」と呼ばれる長い統治を一七九三年に開始した十一代将軍徳川家斉《いえなり》の治世は、弛緩の極みであった。家斉が死ぬ一八四一年まで、日本は五十年に及ぶ泰平の眠りにつく。

すでに日本が鎖国と称する武装中立を行えなくなっていた時代、大御所時代の五十年をかけて、ヨーロッパ白人列強はユーラシア大陸を東進していく。

十九世紀、七つの海を支配する覇権国家としての地位を確立したのは大英帝国であった。その海軍力は圧倒的であり、他の追随を許さなかった。

このイギリスの覇権に挑戦したのが、ロシア帝国である。この両国は、かつてヨーロッパを凌駕する文明を誇ったアジアの帝国を舞台に勢力圏獲得競争を行う。西から、オスマン・トルコ、ペルシャ、ムガール、清である。

一八四一年に開始される天保の改革は、一八四〇年のアヘン戦争で、大清帝国がイギリスに蹂躙されたことに危機感を抱いた江戸幕府による政治改革である。その後、幾多の紆余曲折を経て、日本は明治維新に至る。日本は、当事者である清よりも危機感を抱いていたのだ。

その一方で、林則徐や魏源のような愛国者を迫害し、清が眠り続けたのはよく知られている。

英露が清を草刈り場にしようとしたとき、清があまりにも脆弱だったのはなぜなのか。軍事力の劣勢や体制の弛緩は日本も同じ条件である。まったく違うのは、西洋国民国家体系への対応である。

日本は西欧以上に、模範的な国民国家へと脱皮していく。しかし、清は帝国の枠組みに眠り続けた。

しばしば、「何千年の歴史」などと、中国の歴史は語られる。しかし、古代以来の戦乱を繰り返す中で、純粋な漢民族は古代の三国時代には死滅している。王朝交代が繰り返される中で、定住する漢民族と周辺諸民族が混じり合ってきたのが、支那大陸の歴史である。

宮殿が中華帝国の最小単位だった

では、支那（チャイナ）をチャイナたらしめているものは何であろうか。繰り返される王朝の興亡、支配と混沌だけである。皇帝の権力や内乱は、必ずしも万里の長城の中に限定されないし、漢字も王朝の代替わりごとに変化している。約二千年強の歴史で一貫しているのは、常に変化する漢字を使う人々が、万里の長城の中を中心とする地域で、支配と抗争を繰り広げていることだけである。

この人たちを、支那人（チャイニーズ）と呼び、支配権力が安定した際には、中華帝国と呼ばれる王朝ができる。皇帝を中心に、自らを中華（文明の中心）と称し、四囲を野蛮とする世界観である。

　では、この王朝の最小単位は何であろうか。宮殿である。

　ラストエンペラーこと清朝最後の皇帝である宣統帝溥儀《ふぎ》は、辛亥革命による清国滅亡後も紫禁城に留まり、革命前と変わらぬ生活を行っていた。紫禁城の外に皇帝の権力はまったく及ばないのだが、宮殿の中だけは世界の中心の清朝のままである。

　漢民族であろうが、異民族であろうが、中華皇帝として万里の長城の内部を支配した勢力は、この中華秩序の世界観で権力を行使する。

　世界帝国を築いたモンゴル人や多民族帝国を形成した満洲人も、この地域の支配者としては元や清という王朝の皇帝として権力を行使した。フビライはモンゴル帝国のハーンでありながら、元の皇帝である。また、清朝歴代皇帝は、満洲族の長にして、モンゴルのハーンや中華皇帝を兼ねている。

　ちなみに、元と清の間に漢民族が建てた明の皇帝は、満、蒙、回、蔵といった周辺諸民族を支配することができなかった。むしろその四大民族と日本に包囲され、常に外敵の侵略に怯《おび》えなければならなかった。

しかし、支那大陸において、歴史を書き換えるのは勝者の特権である。中華民国においても、中華人民共和国においても、元、明、清のすべてが自分たちの祖先である中華王朝として扱われている。

中華人民共和国公式見解では、満洲、モンゴル、新疆ウイグル、チベットは中国固有の領土である。いずれも、一度は中華帝国の版図になったことがあるからである。日本人はこのような歴史的事実を知らず、現代中国人の主張を鵜呑みにしている。

中華帝国の最小単位が宮殿内だとすると、最大版図は周辺諸国にまで広がることがある。たとえば、朝鮮に対しては何度も軍事制裁を行い、実効支配をしている。俗に、「千度の侵略」と言われる。

また、ベトナムやミャンマーといった陸続きの隣国にも、しばしば干渉した。逆に、海を隔てた日本には、一度も実効支配を及ぼしたことはない。

では、中華帝国の威光が及ぶ基準は何か。

単純に、軍事力である。

これまで、西欧の複雑極まりない国際法形成の歴史、彼らの主張する「文明」の凶暴性、そして日本人には思いもつかない「戦争」の様相を見てきた。彼らの説く「文明」は精緻であり巧妙である。だからこそ、身を守り、敵を攻撃し、有色人種を併合していく武器たりえたのである。

古代ローマ帝国の万民法は、異民族を支配する道具として、十二分に機能した。

華夷秩序とローマの「万民法」の違いとは

では、中華帝国の「文明」とは何か。「我は中華、他は野蛮」とする華夷秩序は、王朝の軍事力が強いときこそ周辺諸民族に適用されるが、宮廷が内部分裂を始めると誰も相手にしなくなる。王朝権力が強いときでさえ、宮廷内の序列を定めた儀礼（プロトコール）にすぎないのだ。

たとえば、ベトナムが朝貢国で朝鮮が冊封国だとして、それは中華皇帝の前での席次にすぎない。ベトナムと朝鮮の関係を定めた法ではないのだ。歴代中華王朝は、実質的支配が必ずしも伴わなくても、建前と面子が保たれれば満足した。

万民法のローマ帝国にしても、近代の国民国家にしても、その法を適用する民に対する義務を負う。

一八三〇年から六五年の欧州外交界、つまり世界を指導したのは、英国で外相と首相を務めたヘンリー・パーマストンである。パーマストンは、「我こそはローマ」を豪語した。たった一人の国民の権利が侵害されたとき、古《いにしえ》のローマ帝国がそうであったように、国家の総力を挙げて守るとの原則を宣言、実行した。

パーマストンの名は、帝国主義時代の砲艦外交の代名詞であり、アヘン商人の利益を守るために清国とは二度も戦争を行い、「支那は十年に一度、制裁しなければならない」と嘯《うそぶ》いた。

アメリカ合衆国やギリシャのような小国は、パーマストンの恫喝《どうかつ》だけで屈服した。日本もパーマストン砲艦外交の被害者である。一八六三年の薩英戦争では、たった一人のイギリス人が殺害された事件を機に、インドからやってきた七隻の軍艦が鹿児島を火の海にした。

外交過程を見ると、英国の因縁にすぎないものも多く見られるが、パーマストンには単なる力だけではなく論理があった。その証拠に、最初はイギリス国内でも批判の多かった「我こそはローマ」演説だが、「一人の国民の権利を全力を挙げて守るのが主権国家である」との原則は、現代国際社会において常識となっている。

軍事力や経済力のような目に見える力だけでなく、外交力や文化力のような目に見えない力こそが、西欧文明の最強者である大英帝国の真骨頂なのである。

清国はこれを無視し、日本はこれを学んだ。

十九世紀、日清両国の運命を分けたのは、西洋列強が押しつけてきた文明の論理を受容して使いこなせたか否かなのである。

第四章　総力戦では歴史認識こそが最大の武器

●第一節● 日本——近代の模範生

「半文明国」の烙印を受け入れた理由とは

天文十八年（一五四九年）のフランシスコ・ザビエルによるカトリック伝来以来、日本は白人の侵略を撥ね返してきた。それだけの実力があった。しかし、江戸時代を通じてロシアの脅威が迫り、アヘン戦争により大英帝国の魔手を実感したとき、日本は並大抵の自己改革では生き残れないことを悟った。

嘉永六年（一八五三年）、日本人はペリーの黒船に圧倒された。国家の生存が鉄と金と紙によって決するならば、軍事力と経済力で日本人が劣っていることは明らかだった。すなわち、鉄と金では完敗だった。しかし、紙では決して負けなかった。

紙とは、外交力と文化力である。判断力もまた紙の範疇に含まれる。幕末動乱は平坦ではなかったし、明治維新への道は一直線ではなかった。しかし、嘉永六年から明治元年（一八六八年）までの十五年間の歴史を通観すれば、日本人は民族として、国家として、大きな誤りは犯さなかったと言える。

特に、三つの点が指摘できる。

一つめは、最初の開国相手をアメリカとしたことだ。もし、最初にイギリスを選択していれば、隣国のロシアが黙っていなかっただろう。逆にロシアを選択していれば、そのままエスキモーたちのように、飲み込まれただろう。

当時のアメリカは、新興国であっても大国ではない。それどころか海洋国家ですらない。ようやくメキシコとの戦争でカリフォルニアを獲得し、アメリカ大陸の横断を終えたばかりの陸軍国であった。しかし、天下泰平により弱小国としての力しかない日本にとっては頼りになる。正常な判断をしたと言える。

二つめは、不平等条約を受け入れたことである。本書で縷々述べたように、弱い民族を殲滅《せんめつ》するのは、ヨーロッパ人の本能である。ヨーロッパでは文明の結晶である国際法を発展させながら、その一方で外部世界に対しては容赦のない侵略を繰り広げていた。アフリカや中南米の弱い民族が植民地化されたのはすでに述べた。

そして十九世紀の英露は、かつて自分たち以上の文明を誇ったアジアの帝国を分割しながら東進してきた。もはや、オスマン・トルコや清は「半文明国」にすぎなかった。日本はこのような状況で、彼我の力関係を冷静に見据え、不平等条約で「半文明国」の地位を受け入れた。もし、この苦渋の決断がなければ、植民地にされていてもおかしくないのが、幕末の危機だった。

三つめは、不平等条約を受け入れて時間を稼ぎつつ、西欧と同じような国民国家を建設すべく改革を行ったことだ。言うまでもなく、明治維新である。内政面における討幕による明治新政府の樹立とともに、対外的な国境画定交渉にこそ、日本が帝国主義の時代に生き残ることができた秘訣がある。日本人の外交力は、清やロシアとの交渉で遺憾なく発揮された。

英露が東アジアに到来する以前、日本と清の国境は曖昧であった。特に、琉球は日清両属体制にあった。日ごろは島津氏の支配に服していたが、清国の使節が来航した際には島津の役人は姿を消した。このような関係は、貿易の利益を求める日本と、冊封国への面子を主張する清の、双方の利益にかなっていた。

総力を挙げて超大国ロシアと対等条約を結ぶ

しかし、西洋国際法体系の圧力が到来する時代に、このような曖昧な境界は許されなくなった。統治の所在が不明な土地は「無主の地」として「先占」してよいのが、西洋人の説く国際法である。日本は正しくこれを理解し、清との国境を明確にしようとした。

日本は、台湾は清国領だと認めつつ、琉球に関しては排他的な支配権を主張した。その代わり、琉球人が台湾で殺害された際には軍事力で報復している。清は言を左右にして謝罪も賠償もしようとしないが、日本は容赦しない。全権の大久保利通は北京に乗り込み、「台湾を清国領と認めるならば謝罪と賠償をすべし、責任がないとするならば自力で復仇する」と押し切った。

大久保は、かつて副島種臣《そえじまたねおみ》外務卿が清国から取っていた「台湾は化外である」との言質を最大限利用したのである。華夷秩序で「化外」とは「文化の外」、すなわち「中華文明の恩恵が及ばない土地」の意味である。

だが、前章で見たように、華夷秩序は中華皇帝から見た世界観にすぎず、ローマの万民法ほどの責任観念すら存在しない。よって、国際法を武器に攻撃する日本に対して、何ら防御する論理を持ち合わせていなかった。もちろん、清国が内憂外患に苦しんでいるという物理的な状況があったにせよ、華夷秩序の論理はまったくの無力であった。

ロシアとの交渉では、榎本武揚《えのもとたけあき》公使の個性が強調されるべきであろう。榎本は旧幕府軍海軍奉行であり、五稜郭で最後まで戦い抜いた名将である。討伐軍総司令官の黒田清隆はその才を惜しみ、助命嘆願の末に新政府に登用している。榎本はこれに応えた。

駐露特命全権公使に任命された榎本は、大ロシアを相手に検察官のような追及を行う。樺太は日露雑居地であったが、ロシアは流刑地として利用し、次々と囚人を送り込んできた。軋轢《あつれき》が絶えないのは当然であり、多くの日本人が被害に遭った。

当然、ロシアは言を左右にして解決を引き延ばしたが、榎本は謝罪、賠償、実行犯引き渡し、再発防止を求め続け、交渉による樺太問題の解決を要求した。特に、アイヌ人女性に対する強姦殺人事件では、ロシアが「自国で処分した」と弁解したのに対し、「処罰したという罪人の氏名がない」と許さなかった。

総力を挙げて個人の権利を守るのが主権国家である。日本を代表する国際法の大家でもあった榎本は、西洋社会が文明と誇るこの論理を駆使して、大ロシア相手に一歩も引かなかった。

明治八年（一八七五年）、日本はロシアと千島樺太交換条約を結んだ。つい十年前まで不平等条約を押しつけられていた日本が、超大国のロシアと対等条約を結べたのである。榎本個人の力量は卓越していたし、彼をバックアップするだけの気概が明治新政府にはあふれていた。

日本に最適だった国民国家体系

そしてもう一つ、榎本が国際情勢の変化を見逃さない地政学的知見を有していたことを特筆せねばなるまい。

一八七五年、バルカン半島のボスニア・ヘルツェゴビナにおいてオスマン帝国に対する反乱が勃発し、露土関係が緊張する。英独墺といった周辺諸国の思惑も絡み、ロシアの関心はバルカン半島にくぎ付けになった。結果、二年後の一八七七年に露土戦争が勃発することになる極度の緊張が始まるのだが、榎本は日本から見て地球の裏側に等しいバルカン半島の変化を好機と捉えた。

ロシアは西側のバルカンに足を取られているので、東側の日本と事を構えない可能性が高い。榎本の読みは的中した。だから交渉は成功したのである。榎本は隣国の動向は日本の国益に直結すると考え、露土戦争をつぶさに観察し続けた。

清やロシアとの交渉で、日本は琉球やアイヌの権利を守った。大和民族（nation）の日本国の中で、独自の文化を持つ琉球やアイヌは少数民族（ethnic）かもしれない。だが、決して主権国家を持つ意思と能力を持つ民族（nation）ではない。

大和民族を中心とする明治政府が、琉球やアイヌを併呑しようとするのは一面の事実である。しかし明治政府が日本国民（これもnation）として、大和も琉球もアイヌも区別することなく権利を守ったことも、もう一面の事実として強調せねば公正を欠くであろう。明治政府は行動で示すことにより、国民国家（nation state）としての実体を完成させていったのである。

総じて、日本は西洋国際体系を受容したが、それは決して無理ではなく自然であった。ヨーロッパ人が数百年、数千年をかけてたどり着いた国民国家体系は、日本にこそ最も適していたのである。

●第二節●　世界史に巻き込まれ、撥ね返した日本

文明国として認知させるには憲法しかない

十九世紀の世界は、ヨーロッパの価値観が席巻していた。優雅な王朝戦争から大規模殺戮を伴う国民戦争の時代に変化していたが、戦争そのものは選ばれし者のゲームであった。

このゲームへの参加資格は、主権国家に限定された。弱い者は非文明国として一方的に殺戮されるだけであるが、文明国と認められれば誰からも尊重される。トートロジーではあるが、殺戮されない力を持つことが文明国の資格である。

日本の地位は江戸の不平等条約により「半文明国」とされたが、明治政府は国際社会のルールを飲み込み、上手にこなすことにより「文明国」として認めさせていくことになる。

明治史とは、日本を文明国として認めさせる歩みであるが、これもまた「鉄と金と紙」のすべての面で行われた。

こういう表現をした場合、誰でも思い浮かぶのは日清日露戦争の栄光であろう。そして、富国強兵や殖産興業といったスローガンに代表される物質面での奮闘である。

一方で「紙」の面での努力は、どれほど語られただろうか。西洋かぶれした伊藤博文や井上馨《かおる》が鹿鳴館で乱痴気騒ぎを繰り返し、国粋主義者から脅迫を受けた、あるいは見るに見かねた勝海舟が「長州淫風政治」を諫止《かんし》した、などというごく一面だけを取り出して明治日本人の努力を嘲笑《ちょうしょう》するのはよいが、彼らとて必死だったのである。

当時の西洋列強は、有色人種に文明的な法体系が存在しないことを口実に、不平等条約を押しつけた。キリスト教徒にあらざれば文明人ではない。

非白人国家で名実ともに主権国家としての地位を守ったのは日本のみであるが、では我が国はキリスト教を受け入れたのか。我が国は西洋人の主張する「文明」を受容したが、キリスト教そのものは換骨奪胎した。

西洋人に文句をつけさせない法体系を持とうと、刑法や民法の編纂《へんさん》を急いだ。明治初年以来、「何なれば外国の民法を直輸入してもよい」とすら言い出しかねない急進的な開化主義に対し、「民法出でて忠孝亡ぶ」の民法典論争で頑迷固陋《ころう》な守旧派が古い封建的な道徳を持ち出して抵抗した。

日本人は明らかにアイデンティティクライシスの危機に直面しており、もがき苦しんだ。しかし、まともな法体系を持っていないこと自体が侵略の口実にされるのであり、不平等条約を撤回させられないのである。アイデンティティを守りながら「文明」の仮面を被った西洋人の押しつけに、どう対峙するのか。

そして、法体系の頂点は憲法である。

明治十五年（一八八二年）、伊藤博文はいわゆる「憲法調査」に向かう。勅命により、明治二十三年までの憲法制定のための調査である。欧米各国の憲法の条文を参考にしようとしたのである。

だが、憲法の母国と言われるイギリスで、最初に挫折する。大英帝国には、統一的な憲法典が存在しないのだ。

この国は、大憲章以来の歴史的文書、「国王は統治すれども支配せず」のような憲法律と呼ばれる大原則、「衆議院第一党が内閣を組織する」といった憲法習律と呼ばれる慣例、議会法など憲法と同じ扱いを受ける法律、判例と衡平の原理、といった法体系の集積が「憲法」なのである。

現代日本人にとっても理解しがたい。伊藤もサジを投げることになる。あまりにも複雑な英国憲法を、日本に直輸入することはできない。特に、議会中心主義は、自由民権運動の勢力が強い日本では不可能であった。

憲法制定には、まず日本の歴史の研究から

伊藤の政敵である板垣退助と大隈重信は、地方の地主や都市富裕層の勢力を背景に、即時の議会開設と憲法制定を迫っていた。彼らとて、文明国としての法体系を持たねば、不平等条約の改正ができないことは理解している。しかし、性急な西洋化を求める両者の理

解はあまりにも浅かった。

フランス流民権化を求めた板垣は、フランスにおける革命の恐ろしさを知らない。板垣が廃藩置県のための御親兵を率いて御所に参集したのと同時期のパリ・コミューンでは、セーヌ川が三日間血で染まり続けた。

なお、現場に居合わせた西園寺公望は衝撃を受け、生涯にわたり共和主義者を嫌悪し続ける。

板垣は伊藤の便宜で洋行し、常に暴力革命の恐怖と背中合わせであるフランスの現実を知り、過去の自説を述べなくなる。

大隈重信は、「一年の準備の後に憲法制定、英国流議院内閣制と二大政党制の導入」など、実現不可能な要求を突きつけた。二大政党制など、制度設計だけで成立する代物ではない。

伊藤は、イギリス政治は単なる憲法典の条文ではなく法体系全体をルールとし、数百年をかけた運用の蓄積によりプレーヤーである政治家と国民が成熟したので、世界から憲法政治の母国と称賛されていることを知った。そして、イギリス政治と同じことはできないことも痛感する。さりとて、フランスやアメリカのような共和国の革命憲法を模範とするわけにもいかない。

そこで、イギリス憲法を条文化したとされるベルギー憲法、同じく英国憲法の流れを引く新興国のドイツ憲法を研究の中心に据える。

ただ、伊藤にとってドイツ憲法の逐条研究は退屈だったようだ。また、「有色人種に憲法のような高尚なものを運用できるのか」との視線も痛かった。オスマン・トルコ帝国で一八七六年に導入されたミドハト憲法は、わずか二年で停止して皇帝専制政治に逆戻りした。国民に権利を与える憲法政治は、条文の制定こそ単純な作業だが、運用は至難である。

だからこそ伊藤にとっては、オスマン帝国ですらできなかった憲法政治の美果を上げることこそ、日本を「半文明国」だと決めつけた西洋列強に対する反発なのである。どの国の憲法こそが日本が模範とでき、そして文明国にふさわしい運用ができるのか、ヨーロッパ中の憲法学の権威を訪ねて探し回った。

そして、ウィーン大学のローレンツ・フォン・シュタイン教授に出会い、雷電に打たれたような衝撃を受ける。シュタイン曰く、「憲法とは、その国の歴史・文化・伝統そのものである。日本の憲法を制定するならば、日本の歴史を研究しなければならない」と。

歴史学派と言われるシュタインの教えこそ、伊藤が目指していた憲法の姿だった。

そもそも、Constitutionとは国家体制のことである。この語を最近は「国制」と訳すことが慣例だが、制度の意味合いしかなく不正確である。Constitutionには歴史・文化・伝統の意味が含まれるので、戦前流の訳し方である「国体」が正しい。すでに存在する国体を明文化した国家統治の根本法が、憲法典（Constitutional code）である。

シュタイン学派の神髄は、「歴史の確認こそが憲法である」ことである。だから、憲法に立脚した政治すなわち立憲政治を行うには、自国の歴史と文化を知り、何が伝統なのかを明らかにしなければならない。

欧州での「立憲政治調査」を終えた伊藤は、帰国後に憲法典編纂作業に着手するが、助手の井上毅《こわし》とともに最も重視したのは、『古事記』『日本書紀』以来の歴史の確認である。

近代憲法の大原則に、人権尊重や民選議院がある。これらは「文明国の通義」と呼ばれた。「文明国の通義」とは、実質において守られていなければ文明国だと認められないグローバルスタンダードという意味である。伊藤や井上はグローバルスタンダードを受け入れつつも、決して西洋からの借り物ではなく、自国の伝統より出でたものであるという理論武装を行った。

人が人であるがゆえに尊重される権利、いかなる人も理由もなく殺してはならないとする人権思想は、日本においては「すべての国民は大御宝である」とされてきたので、伝統に則っている。だから西洋流の天賦人権思想は採用されず、憲法典では「臣民の権利」とされた。

欧米の憲法学者が驚いた帝国憲法

日本人が史上初めて持つ議会に関しても、「孝徳天皇や天智天皇の昔から、君民の話し合いにより政を行ってきた」ので、それを制度化するだけであると『憲法義解』で説明される。

伊藤や井上は、宮中を中心に存在する頑迷固陋な守旧派を説得するために、憲法制定は決して西洋かぶれの借り物思想ではなく、日本古来の伝統より発しているとの説明資料をまとめた。それが後に事実上の公式解釈集とされる『憲法義解』である。

伊藤博文の歴史主義とは、「我々日本人は記紀の時代から文明国であり、西洋が誇るような近代国家だったのだ」との自己主張なのである。

帝国憲法こそ、日本の文明力の結晶である。そして、西洋の衝撃に対して日本が「我は文明国である」と突きつけた反撃であった。

明治二十二年（一八八九年）二月十一日、紀元節の日に大日本帝国憲法は公布され、翌年十一月二十九日の帝国議会開会の日に施行された。

半文明国扱いされた西洋への反撃という伊藤の目論見はどうだったのだろうか。これは意外な反応を持って受け入れられた。

伊藤の秘書である金子堅太郎は、帝国憲法と義解の英文を持参して、オックスフォード大学のA・V・ダイシーとウィリアム・R・アンソンをはじめとする欧米の憲法学の泰斗を回った。彼らが一様に反応したのは、「これでは権利のバラマキではないか」「ここまで国民に権利を与えて大丈夫なのか」であった。あまりにも開明的な条文に、誰もが仰天したのである。

日本国憲法学に汚染された現代の視点では、信じられないだろう。しかし、事実である。ヨーロッパ人にとっては数百年、数千年の闘争の末に獲得した人権も、「陛下の赤子」であるすべての日本人にとっては、自明かつ当然の権利である。よって、民選議院の同意なくして制約はできない。また、国家の意思を示す予算は、議会の権限である。これでは政府が民意の変動により危機に陥りかねない。欧米の憲法学者は、本気で心配した。

これに伊藤は強く反発する。そして、「何があろうと、憲法を停止すまい」と決心する。有色人種が憲法を持っても、どうせオスマン帝国のようにすぐに停止するだろう。日本人に文明など持てまい、との差別意識がある白人に、決して何も言わせまいと伊藤は改めて考えたのだ。

事実、伊藤ら元老の政府は、自由民権運動の流れを引く衆議院に振り回され続けるが、一度も帝国憲法は停止されなかった。どんなに苦しくとも守った、文明国の矜持である。幕末以来の「半文明国」の地位を脱却することが、明治政府の使命であった。最終的にそれは日露戦争の勝利により達成されるのだが、帝国憲法制定を頂点とする法体系の整備も、西洋との格闘なのである。そして、日本は世界を驚嘆させた。不平等条約受容から約三十年後の出来事である。

第二次大戦に負けてから七十年。いまだに日本は敗戦国のままである。そして、いまのままでは永遠に敗戦国のままであろう。歴史認識をめぐる論争でも負け続けるだろう。

なぜか。

軍事力によらない方法で、「文明国」に挑み、そして認めさせた先人たちの努力を顧みない民族に、明日があるのだろうか。

戦後レジームそのものである日本国憲法の条文を改正しようとすることこそ、日本を永遠に敗戦国のままにさせる罠である。

帝国憲法の見直しなしに、日本民族に未来はない。もちろん、条文よりも重要なのは、その背後にある思想の見直しである。

はたして、日本国憲法の価値観が浸透し、先験的に帝国憲法は悪だとの刷り込みが行われ、あまつさえ「過去の遺物として明治憲法と呼ぼう。帝国憲法などという正式な略称を使うような者は学界から追放する」などという無法がまかり通っている現代日本で、それが可能であろうか。

●第三節●　日露戦争とクラウゼヴィッツ

明治日本は目的限定戦争の模範生だった

ナポレオン戦争時代のプロイセンの軍人、カール・フォン・クラウゼヴィッツは『戦争論』において、「戦争とは政治の延長である」と説いた。

クラウゼヴィッツは王朝戦争時代に育った軍人であり、大規模破壊を伴う国民戦争へと変化していく時代における戦争の本質を観察した。

クラウゼヴィッツの説く戦争においては、絶対的な力の衝突による相手の破壊が強調される。だが、ここで留意しておくべきは、クラウゼヴィッツは敵正規軍の殲滅の意味でしか捉えていないのであり、後の時代の「総力戦」とはまるで意味が違うのである。

クラウゼヴィッツの世界観においては、戦争とは政治目的に基づいて正規軍によってなされる国家と国家の衝突である。もちろん不正規軍は存在するし、国際法違反や政治目的からの逸脱も存在することを前提に彼の理論は説明される。

しかし、彼の膨大な『戦争論』のどこにも、「女子供こそ抹殺せよ」や「占領後の敵文化破壊こそが戦いの本質である」などとは書かれていないし、「戦争の目的は敵民族の殲滅である」などとは決して主張されない。

軍人の本分を遵守するクラウゼヴィッツは、国策の手段としての戦争においてどのような戦闘方法が合理的であるかを考察したのみである。「戦争の目的は異民族の殲滅である」とは十字軍の思想であり、これを曲がりなりにも克服してきたのがヨーロッパ近代なのである。

現に、クラウゼヴィッツと同時代のナポレオン戦争において、ナポレオン帝政の打倒はヨーロッパ連合軍共通の目的であったが、誰もフランス民族の抹殺あるいは奴隷化など考えていない。つまり、政体の打倒はなされたが、国体の破壊はしていないのだ。

この意味で、優雅な王朝戦争と決別したナポレオン戦争すらも、何らかの政治的目的に限定されたという意味での目的限定戦争の範疇であり、十字軍時代の宗教戦争や後の総力戦とは様相がまるで異なるのである。

クラウゼヴィッツは目的限定戦争の理論家なのだが、その最も忠実な模範生が明治日本であった。

明治日本の最大の国家目標は「文明国」と西洋列強に認めさせて不平等条約を撤回させることであり、そのために国際法を遵守する国だと宣伝する必要があった。だから帝国陸海軍では、戦時国際法の遵守が強調された。

日本が押しつけられた不平等条約は二つ、領事裁判権と関税自主権の喪失である。日本がいかなる努力をしようとも不平等条約撤廃を一顧だにしなかったのが、覇権国家のイギリスである。

明治二十七年（一八九四年）、日清戦争直前に陸奥宗光外相は、イギリス相手に領事裁判権の撤回を求める。陸奥の口上は、要するに「我が国は文明国たるべく努力を続けてきた。仮になったとしても戦時国際法を遵守する気である。しかし、これまでの努力を認めて文明国だと承認してくれないのであれば、そのような『文明』の法を守る義務はないことになるが如何」との脅迫である。

イギリスにとっては、日清両国の戦争に際して居留民保護を図る必要がある。ここで領事裁判権を撤回することで保険を得ることができるのならば、損得勘定には合う。イギリスが不平等条約撤回を受容したことで他の諸国も倣った。

開戦直前という緊迫した状況で、陸奥の気魄もあったが、これまでの明治日本の「文明国」への努力があったからこその成果であった。

国際法を遵守する日本が文明国になる日

そして高陞号《こうしょうごう》事件で、英国の対日感情は劇的に好転する。清国兵は開戦後、英国国旗を掲げた高陞号に乗り移動していた。軍艦浪速の東郷平八郎艦長はこれを発見し、清国兵以外の艦員の退去を勧告する。しかし、清国兵はイギリス人艦長らに退艦を許さず、むしろ人質として移動を続けた。

東郷は艦長室に二時間籠って国際法の先例を確認し、さらに警告手続きを踏んだうえで高陞号を轟沈した。多数の自国民が死亡したイギリスからは抗議が寄せられた。しかし、交戦開始後に第三国の船をシージャックして移動するのは清国の国際法違反である。日本の措置に問題はない。

理路整然と説明するや、英国世論は一変して日本を支持し、むしろテロ行為を行った清国への非難が強まった。

国際法を遵守する文明国としての日本は、北清事変でさらに信用を得る。

明治三十三年（一九〇〇年）、義和団が列国の公使館を包囲し、居留民を虐殺したことに端を発する北清事変で、八カ国連合軍が編成され、その主力を日本が担うことになる。日本は迅速に賊徒を討ち居留民を解放しただけでなく、規律正しく国際法を守って行動したために、評判を高めることになる。

このとき、英仏軍などは「略奪暴行を加えないとかえって侮られる」とばかりに不法行為の限りを尽くしたので、清国の民間人が日本軍駐留地に助けを求めてやってくるほどだった。

ウェストファリア体制以来、西洋人は自分たちの内輪での欧州公法を「文明」として、外部社会の有色人種に押しつけてきた。

確かにヨーロッパ内部での戦争では国際法が整備されていったが、外部への植民地戦争では宗教戦争の時代とまったく変わらない非法を続けていた。キリスト教徒でも白人でもない有色人種など、人間ではないとの扱いだった。

この二重基準に、「我々も人間である」と異を唱えたのが日本人だったのである。ここに、国際法そのものが変容した。

中江兆民は『三酔人経綸問答』で、剝き出しのパワーポリティクスを主張する豪傑君と国際法による人道外交が成立すると説く洋学紳士君の論争を、中庸的な南海先生が止揚するという形式で、物質力のみでも正義公道のみでも立ち行かないことを説いている。

国際法を理解しない豪傑君も、逆に絶対視する洋学紳士君も、いずれも国際政治の現実では間違いなのである。その体現者がまさに、明治の日本だった。

確かに、一八五六年のパリ条約にオスマン・トルコ帝国が調印したことで、非キリスト教徒にも国際法（それまでの実態は欧州公法）は広がったが、そのオスマン自体が半文明国の扱いを受けていた。オスマン帝国は滅亡まで、ついにかつての隆盛を取り戻すことはできなかった。ロシアの皇帝などは「トルコはヨーロッパの病人」と揶揄した。

それに対して、日本はあらん限りの知恵と力を振るい、半文明国から脱したのだ。

日本がロシアに勝ったから真の国際法になった

その総仕上げが日露戦争である。

明治三十五年（一九〇二年）、大英帝国は「光栄ある孤立」を捨て、日英同盟を結ぶ。列強は、東アジア限定の協定だと見なし、ヨーロッパには関係がないと思っていた。イギリスが僻地において日本を番犬としてロシアに差し向けたという感覚である。

それでも超大国ロシアの脅威に晒され続けた日本にとって、同じく超大国イギリスの後ろ盾は心強い。イギリスとて、まさか日本がロシアに勝つとは思わなかったが、現実には日本が勝った。

日露戦争は総力戦前夜のクラウゼヴィッツ的な戦争だった。クラウゼヴィッツは、戦争とは拡大された決闘だとの世界観を徹底させたが、日本はその決闘参加資格を認めさせたことになる。

朝鮮半島と満洲が主な舞台となったが、双方の本土が戦場となる前に決着がついた。敵首都を砲撃することもなかったし（双方とも能力的に不可能だった）、そもそも爆撃機が発明されていない段階で空襲など存在しえなかった。よって、非戦闘員の殺傷は最小限に抑えられた。

この戦争は、日本が朝鮮半島三九度線を勢力圏の境界とすることを提唱したのに対し、ロシアが拒否したことが開戦の理由である。軍事的に連戦連勝だった日本は、ロシア軍を朝鮮どころか満洲まで押し返し、南満洲までを自己の勢力圏とした。

使用された武器の量も被害者数も甚大であったが、目的限定戦争の範疇にとどまった。何より、日本陸軍はクラウゼヴィッツの思想を早くから輸入していた、極めてクラウゼヴィッツ的な軍隊だったのである。後の時代のような総力戦とはまったく異なっていた。

日本はここでも戦時国際法を遵守し、名実ともに文明国としての地位を獲得、明治四十四年（一九一一年）には関税自主権を回復し、不平等条約を完全撤廃させた。

ロシアに勝った日本を大国と認めない国はなかったし、現に東アジアと西太平洋で大日本帝国に対抗できる国など存在しなくなった。長い目で見れば、幕末に開国による武備《ぶび》恭順《きょうじゅん》を選択したが、「攘夷」を実現したのである。

もし負けていれば、エスキモーのようにロシアに併呑され、あるいは東欧諸国のように被圧迫民族として征服されていただろう。有色人種である日本がロシアに勝利したからこそ、国際法が真に国際社会の法となったのである。二百年に及ぶヨーロッパの世界支配に風穴が開いた。

日本は西洋の衝撃による「文明」を受容しつつ、ヨーロッパ人以上の模範生となったのである。

なぜ、誇らないのであろうか。

●第四節●　南北戦争で生まれたアメリカ合衆国の遺伝子

アメリカは国際法を理解できない

ロシアは国際法違反の常習者として悪名が高い。我が国に対しても、昭和二十年八月の騙し討ちとその後の阿鼻叫喚の地獄絵図、女は犯され自決と中絶が相次ぎ、男は極寒のシベリアに送られ強制労働をさせられた事実は、許すまじき非道である。

しかし、ロシアは国際法やウェストファリア体制を理解できないわけではない。理解したうえで破るのである。国際法どころか、「法」とは何かを理解できていない中国とはまるで違う。

だからロシアには術語と文法が通じるのである。本章ですでに紹介した千島樺太交換条約にこぎ着けた榎本武揚の交渉を見れば、それがわかるであろう。

また、力の論理の信奉者であるので、決して自分より強い相手とは戦わない。「五〇〇％の安全保障を求める国」との表現があるが、不利な戦いを回避する能力に長けている外交上手な国でもあるのだ。

だから、明治四十年（一九〇七年）に日英同盟と露仏同盟が結びつき四国協商となり、英露仏三国協商が独墺同盟と対峙する形勢になると、後背の日露協商は絶対に破ろうとしない。油断も隙もありはしない相手だが、不合理な行動はしないのである。

現代の歴史問題を考えるうえでも、プーチン大統領が日本にリップサービスだけは欠かしていないことに注目すべきである。たとえば、金正日が無警告で日本上空にテポドンを打ち上げたときは、「北朝鮮は文明国ではない」との批判を行った。

また、靖国神社参拝問題で中韓両国と一線を画していることにも留意が必要である。すでに講和条約が締結された戦争の戦没者の慰霊に外国が内政干渉するなど、ウェストファリア体制の全否定である。少なくとも、現在までのロシアは自国の国益を勘案したうえで靖国問題に介入せず、文明国としての節度を守っている。国際法を破ることと、理解できないこととは別なのである。

では、本節で取り扱うアメリカ合衆国はどうか。

実はアメリカは、本能的に国際法を理解できない国なのである。

そもそも、アメリカ合衆国建国の父と言われるピルグリム・ファーザーズとは、宗教的価値観が支配する中世から離脱しようとするヨーロッパで居場所がなくなり、新大陸に自由な信仰を求めてたどり着いた放浪者なのである。しばしばアメリカは宗教原理主義の国だと評されるが、「建国の父たち」からして、反近代の集団なのである。

一六二〇年、彼らが新大陸と呼んだいまのアメリカ合衆国東海岸に漂着した際、現地人（インディアン）が食料や着物を差し出し、助けてくれた。彼らは、主（God）に感謝した。「この者たちを差し向けてくれるように豫定してくれたこと」に。当然、人間だと思っていない現地人に感謝などしない。

それどころか、次々と土地や食糧を奪い、騙し、殺し、女を犯して、最後は西海岸にたどり着く。この西へ向かう行動を「明白な天命（マニフェスト・ディスティニー）」と自称した。彼らにとっては、主によって与えられた聖なる試練なのである。やられた側には、単なる殺戮と侵略なのだが。

すでにヨーロッパ史の文脈で述べたが、一七七五年からのアメリカ独立戦争（イギリス名称は「謀反」）は、大英帝国の覇権に対するフランスを首魁《しゅかい》とする他のヨーロッパ諸国の反発であり、言わば七年戦争への復讐であった。

一七八三年のパリ条約で独立が承認されたが、アメリカ合衆国の実態は国家連合であり、いまのＥＵのようなものである。ジョージ・ワシントンが率いた革命軍はいまのＮＡＴＯのようなものであり、彼が就いた大統領（president）はＥＵ議長に当たる。

南北戦争は近代における「総力戦」の原型

Ａ・ハミルトンの『ザ・フェデラリスト』では曖昧にぼかされていたが、各州には連邦からの離脱が権利として容認されていた。資本主義経済を進める北部の州は連邦離脱権の議論を忌避したが、奴隷制を維持する南部は抵抗した。奴隷制をめぐる対決は、Ａ・リンカーンが大統領に就任して頂点に達した。

連邦離脱を明言する南部諸州に対し、リンカーンは奴隷制維持を餌に翻意するよう工作する。これに南西部諸州は従ったが、南東部は無視し、アメリカ連合国の建国を宣言するのだ。一八六一年、三方からの包囲に追い詰められたアメリカ連合国は、サムター要塞に奇襲をかけ、ここに南北戦争（Civil War）が始まるのである。

四年に及ぶこの戦いで、アメリカ連合国は最初の二年こそ善戦したが、後の二年は一方的な撤退戦と化した。一八六三年、ゲティスバークの激戦跡地でリンカーンが有名な民主主義演説を行う。だが、その前段で何が言われたかを知る日本人は少ない。

主の名の下に、人民の、人民による、人民のための政治を行うことこそが、生き残った者の使命である。

民主主義の定義として紹介されることも多いリンカーンの演説は、宗教演説であり、戦没者慰霊演説なのである。ただし、北部の戦死者のためだけの慰霊であって、日本人のように戦いが終われば敵も味方も関係なくというわけではない。

リンカーンは当初、奴隷解放の是非を名目の一つとしたが、中立国である大英帝国の歓心を買うためのプロパガンダとして利用するようになった。北部は、アメリカ連合国の存在そのものを認めなかった。Civil Warとはあくまで内戦であり、南部は謀反人にすぎない。

そしていつの間にか、奴隷制を維持する悪魔として喧伝された。黒人を家畜のように財産として尊重した南部に対し、北部は「アメリカは白人だけの国であるべきだ」と追放しようとしただけの違いである。

リンカーンの行為は完全に偽善である。しかし、アメリカ人は自らが騙したプロパガンダに自己陶酔する悪癖がある。また、悪魔相手の戦いに妥協はないので、陶酔に拍車がかかって狂気に至る。

ゲティスバーク以降、南軍は無条件降伏だけを要求され、絶望的な戦いを強いられる。最後は、棒切れや石ころを武器にしてまで戦う始末だった。

そして一八六五年、いかなる条件も許されない完全な降伏という意味での無条件降伏で、戦いは幕を閉じた。南北戦争は、軍事力のみならず、多大な経済力や非戦闘員の総動員体制から「総力戦」の萌芽として解釈されることも多い。

しかし、本質は降伏から始まる。「総力戦」というならば、占領体制が開始されてからが本番である。物質力の総動員よりも、「奴隷解放」のプロパガンダなどの非物質的要素にこそ特徴がある。「総力戦」とは、日本人が誤解しているような「自らの総力を出し切る」ことではない。「相手の総力を潰す」ことにこそ本質が存在するのだ。

アメリカ合衆国（北部）は、アメリカ連合国（南部）を消滅させた。

その後、過酷な復讐裁判を行い、教育により「奴隷制度などという悪魔のような制度を維持していた南部」という洗脳を徹底し、二度と連邦政府に逆らえないように叩きのめした。

そもそも、国際法的に奴隷解放は保障占領の理由にはなりえても、併合のそれにはなりえない。しかも連邦離脱は認められた権利である。よって、あくまでそれは「内戦」の立場であり、「戦争」であることを否定しなければ、リンカーン以下アメリカ合衆国（北部）の行為は単なる侵略とならざるをえない。間違っても対等の交戦相手としてのアメリカ連合国など、未来永劫認めてはならないのである。

ちなみに、南北戦争を幼児体験として、国際法と国内法（連邦法）の区別がつかないアメリカ人が多いのである。

非ウェストファリア型国家の誕生

現在、世界中の人々が想像するような統一国家としてのアメリカが誕生するのは、リンカーンによってである。アメリカはワシントンではなく、リンカーンによって建国された国なのである。しかし、連邦離脱権の存在を認められない爾後《じご》の政権は、ワシントンのときから統一国家であったとの歴史歪曲を必要とするのだ。

南北戦争は国家連合的結合にすぎなかったアメリカ合衆国が、国民国家的要素を保持した契機である。それだけに、こうした行為の正当化が国家の結集原理や正統性の維持に不可欠となり、その後の歴史教育の徹底、過剰なまでの国旗・国歌への忠誠を中心とする愛国心を必要とするのである。

なお、ブッシュJr.大統領は二〇〇一年のアルカイダのテロに際して、「アメリカ人は幾多の戦争を知っているが、百三十六年もの間、一九四一年のある日曜日を除き、外国の土地で経験してきた」と演説した。

外敵からの攻撃は、一八一二年の英米戦争でも経験しているはずだが、一八六五年以来とするところに米国人の意識が読み取れる。

この演説をイギリスには配慮したが日本には無神経だったとするのは早計で、アメリカはリンカーンが建国した国であるという主張は、アメリカの歴史を知る者にとっては説得力があるレトリックなのである（同盟国として協力しているにもかかわらずテロリストと同列に扱われ、抗議をしなかった当時の小泉純一郎内閣の姿勢は大問題だが）。

南北戦争が行われた時代、プロイセンにオットー・フォン・ビスマルクが登場し、外交界を主導していく。主権国家の並立を旨とするウェストファリア体制は、国民国家体系へと発展していく。

ビスマルクは三回のドイツ統一戦争で目的を達したら、外交努力により国際秩序を維持した。このような時代に、アメリカ合衆国という非ウェストファリア型国家が誕生したのは皮肉である。

南北戦争の凄惨さに比べれば、ナポレオン戦争や日露戦争は「総力戦」の萌芽ですらなく、ウェストファリア型の決闘としての「戦争」にすぎないことが理解できよう。ナポレオン戦争での敗者ナポレオンは、優雅な島流し生活として、現地の市長として暮らしている。

日露戦争は小国日本の国運を賭した戦いに違いはなかったが、大国ロシアにとっては徹頭徹尾領土獲得のゲームであり、目的は限定されていた。もし日本が敗北していれば、征服されロシアに獲得された領土は、御多分に漏れず悲惨な環境に置かれたのは間違いないが、当時の論理では「植民地戦争」の範疇である。

南北戦争が悲惨なのは、同じ白人のキリスト教徒であっても、有色人種の非植民地人のような過酷な運命を強いたこと、さらに、お互いに総力を出し切ることによって、負けた者の総力を破壊するまで戦いが終わらなかったことである。

ところで、北軍ことアメリカ合衆国が行ったことを、どこかで日本は体験しなかっただろうか。

相手の国家体制の完全破壊、復讐裁判による悪魔化、そして歴史教育の徹底により二度と刃向かえないほど牙を剝く。

ダグラス・マッカーサーが日本で行ったことと、まったく同じである。

やっているほうは同じなのだから、同じことをするのである。

開戦前も占領後も、日本人は南北戦争に表れたアメリカ合衆国の本質を知らなさすぎるのだ。

第五章　日本は敗戦国から抜け出せないのか

●第一節● 聖戦論に回帰した第一次世界大戦

敵と犯罪者の区別がつかないアメリカ人

宗教戦争は、相手を皆殺しにするまで終わらない。悪魔を相手とする正義の戦いだからである。悪魔との妥協は正義に反する。だから、戦いがひたすら悲惨になるのだ。

こうした悲惨さと決別しようと、フーゴー・グロチウスは「戦争と平和の法」を提唱した。人間社会には現実として戦いが存在する。この戦いの悲惨さを軽減しようと、「戦いにも掟がある」、それこそが国際法であると主張したのだ。

グロチウスの考え方はウェストファリア体制の生成と発展に従い、「文明」として拡大していく。これが「近代」である。ヨーロッパ人は自分たちだけがこの文明の担い手だと考えた。しかし、彼らにとって皮肉にも、有色人種で非キリスト教の日本こそが「近代」「文明」の模範生となった。明治維新に始まる日本の近代化と日露戦争の勝利により、欧州公法にすぎなかった国際法は世界規模に拡大した。

結局、国家が自己を文明国だと主張する根拠は、鉄と金と紙による力である。言わば、戦争で負けないことこそが主権国家の資格なのである。主権国家平等原則の建前があろうと、厳密には大国だけが国家としての発言力を有するのだ。

日本が東アジアから西太平洋にかけての地域大国として台頭した十九世紀後半から二十世紀にかけて、アメリカ合衆国が南北アメリカ大陸から東太平洋を勢力圏とする大国となっていく。西洋の衝撃に耐え、上手に受容した日本に対し、アメリカは徹頭徹尾、非ヨーロッパ的な価値観を貫いた。最も違うのは、その戦争観である。

端的に言えば、アメリカ人は敵と犯罪者の区別がつかない人々なのである。

近代のヨーロッパ諸国や日本は、無差別戦争観に立脚している。戦争を人間社会におけるやむをえない事象と捉え、戦争のやり方に関して善悪をつけよう、軍事合理性に反する無意味な殺傷を軽減あるいは根絶しようとするのが、無差別戦争観である。この考え方においては、戦争そのものに正義も悪もない。また、敵とは利害が異なるものであり、犯罪者ではない。利害が一致すれば昨日の敵も今日の友となりうるのだ。

一方、アメリカ合衆国は差別戦争観、すなわち正義の戦争があるとする考え方を信じている。この考え方の幼稚で危険なところは、自分の行う戦争は常に正義で、相手が悪魔になりかねない。悪魔との妥協は許されないし、アメリカ人にとっての戦争とは犯罪者を退治する保安官の構図になるのだ。

現実の保安官がインディアン狩りで何をしたかは、世界中の誰もが知っている。自分が正義で敵を悪魔だと思う戦争を、宗教戦争と言う。アメリカは本質的に宗教原理主義の国であるとよく言われる。日本人からすれば、反近代の国なのである。

アメリカが、モンロー主義による対ヨーロッパ不干渉政策を掲げているうちはよかった。そのアメリカを世界史の舞台に引きずり出してしまったのが、一九一四年から四五年の二つの世界大戦なのである。

総力戦として戦われた世界大戦により、近代における拡大された決闘としての「戦争」は終焉する。

大戦直前から、敵の銃後への攻撃を各国ともに検討していた。グロチウスが最も強調した戦闘員と非戦闘員の峻別を否定しようとする動きに他ならない。

伊土戦争では史上初の空襲が行われ、民族憎悪の応酬となったバルカン戦争では、敵対民族の非戦闘員への殺傷が大量発生した。「我々は文明人なので十三歳以下の子供は殺していない。他の奴らと一緒にするな」と誇るゲリラに、記者として従軍していたレオン・トロツキーが絶句するのはこの戦争である。

勝利しても総力戦は大きなダメージを受ける

一九一四年、英仏露を中心とする連合国と、独墺を中心とする中央同盟が激突する。両者とも情勢を楽観していた。双方ともに戦争は短期決戦で終了すると油断していたが、四年間も断続的に続くことになる。

この大戦では、英仏露独墺の欧州五大国が自らの総力を出し合うことになる。大国がお互いに総力を出し合えば、相手の総力を潰すまで終わらないのは必然であった。

軍事面では、連合軍とドイツ軍の双方が相手の後背に回ろうと塹壕を掘り続けたが、結局、北海までたどり着くという有様だった。

経済面でも、お互いに極限まで生産力を高めようとし、国力の限界まで突破する。各国は戦闘教義確立に際して、敵戦力を破壊しうる自らの総力の動員に関心を集中し、それは銃後を含めた敵の交戦意思の破砕に至るとの結論に達した。

総力戦を行えば、勝った側も疲弊するのが常である。海軍力で劣勢であるドイツは、潜水艦による無制限通商破壊を行い、イギリスも護送船団方式で対抗する。英独は双方ともに疲弊し、中立国であったアメリカに世界第一位の経済大国の地位を奪われる。

男が前線に駆り出された銃後を守るために、女性の社会進出がなされる。しかし、兵器と戦術の発達は前線と銃後の境界を曖昧にした。敵生産設備への砲撃や空襲こそが重要な軍事行為となったこの戦争で、銃後においても安全は保障されない。女性も参戦しているのと同じである。

余談だが、第一次大戦を契機に、欧州諸国では婦人参政権が急速に拡大する。当然、戦争に参加した義務の見返りとしての権利である。戦争は民主主義を促進する。女性の社会進出を最も促進したのは第一次世界大戦である。

ただし、民主主義は戦争を残酷にする。日本人にとって「あの戦争」とは第二次世界大戦だが、同じようにヨーロッパ人にとって「家族の誰かが死んだ戦争」は、第一次世界大戦である。

民衆の憎悪は、相手の抹殺へと国家を駆り立てる。民主政体により選出された政治家が、適度な和平など言い出せば即刻落選である。バルカン半島の政治家の場合は、国王といえども容赦なく暗殺される。だから、ますます戦争は激化する。

大規模な大衆の総動員体制により大国間の生産力の競争・破壊の闘争となり、かえって戦場は膠着した。

そして、鉄と金ではなく、紙によって大戦は決着した。

まず、ドイツが送り込んだ工作員であるウラジミール・レーニンが起こしたロシア革命により、ロシア帝国は崩壊した。しかし、ドイツ人はさらに疲弊していた。

イギリス首相のロイド・ジョージは、新聞王と言われたノースクリフにクルーハウスを組織させ、対独プロパガンダに従事させた。イギリスが第一次大戦で行ったプロパガンダは、ドイツ国民の抗戦意思を挫くことを目的として行われた。イギリスは開戦初頭に、大西洋の海底ケーブルを切断してドイツの海外発信メディアを封鎖し、連合国と中立国にドイツ人の残虐行為を喧伝した。

また、不利な際には正直に事実を話した。より正確に言えば、「不利な情報でも正直に伝えている」との情報を巧妙に散布した。たとえば、「我が国では肉の配給が週に四回から三回に減ります」といった具合だ。これを聞いたドイツ人は、すでに週二回の配給で窮乏していたので意気消沈したという。

そして戦機を見極め、「宣伝決戦」を行った。一九一八年十月、ドイツが三度の大攻勢失敗にもかかわらず最後の攻勢を仕掛けようとしたとき、イギリスは「ドイツの高級将官は、多くの兵士を無駄死にさせようとしている」と、あることないことをばら撒いた。

そして、ついに水兵たちの反乱に端を発して革命が勃発し、ドイツ帝国は崩壊した。これは中央同盟諸国にも波及し、ハプスブルク帝国やオスマン・トルコ帝国も滅亡した。

第一次大戦から再び無秩序な暴力の時代へ

さて、総力戦における本番は、軍事衝突が終了してからである。アメリカ大統領ウッドロー・ウィルソンは、口では「勝利なき平和」などと寛大な講和を唱えながら、いざドイツが和平を申し出るや、「皇帝の退位と共和主義の採用」などと、相手国の国体変更を要求した。事実上の無条件降伏要求である。帝政ドイツは力尽きるまで戦い、革命により共和政体へと変更する。

さらに、一九一九年のパリ講和会議こそ、敗戦国ドイツへの総力追撃となった。英仏に加え、ドイツを裏切ったイタリア、最後に参戦したアメリカ、そして日本が大国として会議の中心となった。

日本は開戦初頭に東アジアのドイツ権益を駆逐し、カナダから地中海までの広範な地域で通商保護を行い、多大な貢献をした功績で大国として会議に招かれたが、ヨーロッパの問題には沈黙を守った。

軍事的に貢献しなかったイタリアの影響力は、相対的に小さかった。

よって、大戦後期に参戦して対独戦の立役者と思われたアメリカの発言力が高まった。よく強調されるのは、英仏がドイツに対して天文学的な賠償金を課すなど過酷な条件を突きつけたことに対して、ウィルソンが寛大な条件と理想主義的平和主義を唱え対立したとする片面の事実である。しかし、君主制を憎むことにかけてウィルソンは狂信的でさえあった。

また、ウィルソンの十四カ条宣言は、英仏が築き上げてきた世界秩序を全否定するものであり、敗戦国であるハプスブルク帝国とオスマン・トルコ帝国を解体するものであり、世界中の分離独立運動を扇動するものであった。

特に重要なのは「民族自決」の理念であるが、それまで英仏などが帝国の枠内に抑え込んできた諸民族に独立を促す。それは美名に聞こえるが、要するに主権国家を持つ能力を有さなかった集団にその機会を与えようということである。

すでに世界大戦は総力戦となり、優雅なゲームとしての戦争ではなくなっていたが、ウィルソンはさらに世界各地で内乱を煽ろうというのである。欧州の主権国家と征服された有色人種の間では決闘としての戦争は成立せず、植民地戦争しか行われなかった。

ウィルソンは自分の勢力圏である中南米以外の全世界で、帝国主義秩序を崩壊させようと目論んだのである。そしてウィルソンの理念を最も忠実に実行し成功したのが、ロシアを乗っ取ったレーニンである。ウィルソンはソ連を建国することになるレーニンに常に寛大な姿勢をとり続けた。

大日本帝国は、英仏の「旧外交」に対するウィルソンの「新外交」の挑戦によって揺れ動く国際秩序の中で翻弄された。日本は幕末以来の自己改革により、ヨーロッパ人がルール化した文明のゲームをかなり上手にこなせるプレーヤーになっていた。

ところが、アメリカという異分子はルールそのものを変えようとした。もともとアメリカ合衆国は、総力戦の萌芽とも言うべき南北戦争によって成立した国であり、ヨーロッパ近代のような限定戦争観は希薄である。そこに、正戦論（宗教的な言い回しでは、聖戦論）を振り回すウィルソンが発言力を得てしまったのである。

ウィルソンは平和主義を鼓吹し、大戦に疲れた人々に広まる。ヴェルサイユ会議に続き、一九二八年のパリ不戦条約では、「戦争の根絶」が訴えられた。近代における戦争とは、拡大された決闘であると何度も繰り返してきた。

ウィルソン流の平和主義者は、この世から戦争を根絶しようとした。しかし、それでこの世からあらゆる暴力を根絶できるわけではない。平たく言えば、決闘を根絶した後に残るのは、喧嘩と私刑（リンチ）だけである。

第一次世界大戦をもって世界は「戦争」と決別し、次の総力戦を経て、再び宗教戦争の時代のような秩序のない暴力に回帰していくのである。

●第二節●　怨念と抑圧の第二次世界大戦

歴史認識が重要となるのはなぜか

ウェストファリア体制における「戦争」では、停戦あるいは休戦の成立からは外交の役割であり、「戦争」は外交の手段として位置づけられる。

ところが、二つの大戦は「総力戦」であり、停戦の締結後にこそ抗戦意思を挫く行為が本格化した。もちろん、こうした行為の多くが、従来の慣習国際法やそれらを成文法化した一九〇七年のハーグ条約違反である。しかし、連合国はそれをも正当化した。そのような正当化自体も、「総力戦」においては重要な「戦争」行為である。

今日の国際法体系も、一九四五年以降のこうした正当（統）化によって成立している。

正統化とは、正当化した論理を歴史的に継続されることである。だから歴史認識が重要となるのである。

たとえば、第一次世界大戦で勝者の連合国は、敗者であるドイツ皇帝ウィルヘルム二世を開戦責任により裁こうとした。宣戦布告に伴う戦争行為は、国際法的にまったくの合法である。しかし、復讐心に燃えた英仏などの連合国は、敵であったカイザー（ドイツ皇帝）を犯罪者として裁こうとしたのである。

これは亡命先の中立国オランダが拒否したので成立しなかったが、後のニュルンベルク裁判で問われた「事後法による裁判」、すなわち「その時点で犯罪ではなかった行為を、後に成立させた法によって裁く」という罪刑法定主義の否定は、第一次大戦の結果によって生まれたのである。

グロチウスは「戦争にもルールがある」と提唱したが、世界大戦により人類の中心を占める白人たちは、自らが築いてきた文明の掟すらもかなぐり捨てたのである。

「総力戦」とは「相手の総力を打倒するために、自らの総力を出し切る努力を行う大国間の戦争」である。その特徴としては、以下六点が挙げられる。

第一に、大国間で行われる。大国と小国の間では、小国にとっては総力戦でも、大国にとっては単なる「獲得」あるいは「征服」にすぎない。

第二に、大別して、武力・経済・思想（宣伝）の三分野で双方が総力を出し切る努力がなされる。

第三に、大規模化、長期化の傾向がある。勝った側も疲弊する。

第四に、結果として相手の総力を潰す段階に移行する。ただし敵地占領を伴うか否かで様相は相違する。第一次大戦後のドイツは、革命により国体そのものが変更され、多額の賠償金に苦しみ、時に保障占領されたが、それなりの抵抗力は有していた。少なくとも教育は乗っ取られなかったばかりか、ドイツ人は復讐心に燃えていた。

第五に、停戦から本格化する。占領しても敵正規軍の交戦意思と能力が健在ならば、「総力戦」は不可能である。ただし、敵正規軍さえ解体してしまえば、戦勝国は抵抗力のない相手との講和条件など守らなくなる。

第六に、非戦闘員を巻き込む。むしろ第五段階では、非戦闘員の交戦意思の打破こそが重要となる。南北戦争ではアメリカ連合国そのものを地球上から抹殺したのみならず、復讐裁判に伴う奴隷制への悪魔化教育により、徹底した罪悪感を南部全体に広めた。

敗戦後ドイツに成立したワイマール共和国では、社会そのものが崩壊した。経済の崩壊は道徳の破綻をもたらす。ドイツ人の抵抗の極致が、アドルフ・ヒトラーによるナチズムであった。

ヴェルサイユ条約そのものが、英仏によるドイツ抹殺体制そのものである。英仏の側にもフランス外相ブリアンのように、ドイツの抹殺はヨーロッパ全体の利益にならないと考えるウェストファリア思考の外交官がおり、ワイマール共和国の外交を指導したシュトレーゼマンの努力とも合わせて、「相対的平和」を実現した。

大戦後の傷は決して癒えていないが、ドイツが減額してでも賠償金を払い続けるから、英仏の経済も安定するという意味で、「相対的平和」である。

総力戦に対する無理解が日本の国策を誤った

しかし、一九二九年の世界大恐慌でヨーロッパのみならず世界全体に不況が広まり、再び不安が広まる。そんなときに、「敗戦ドイツ体制」を嫌がるドイツ人の心性に訴えかけたのがヒトラーである。

ヒトラーは、ヴェルサイユ体制の理念である民族自決に則って行動した。「ドイツは永遠に敗戦国であり続ける体制を拒否する」とヒトラーが宣言したとき、実は英仏にはそれを拒否する論理は持ち合わせていなかったし、最終的には実力によってドイツはこれを達成する。

さらにヒトラーは、「ドイツ民族の生存圏」を求めて対外拡張政策を繰り返し、周辺諸民族を併合していく。最後はあからさまな侵略にしかすぎなくなったが、当初のヒトラーの主張は正当性があっただけに、パシフィズムに汚染されていた英仏は融和的な姿勢を繰り返してしまった。

最終的に、ヒトラーに対して米英ソの「大同盟」が勝利するのだが、しばしば「ファシズムに対するデモクラシーの勝利」という偽善的な価値観で語られる。ナチス一党に支配されたドイツが一国一党のファシズムであったのは間違いないが、同じく共産党一党支配のソ連はデモクラシーなのだろうか。

ヒトラー最大の悪行とされるユダヤ人虐殺だが、では、他のヨーロッパではどうなのか。同じ時代のスターリンはどうなのか。ヒトラーよりもはるかに多くの人間を殺しているではないか。

ナチスの悪魔化は戦勝国にとって都合がよい歴史観だが、特にヨーロッパ人にとっては、自らが封印した暗黒面そのものなのである。だから忌避されるのである。

話は飛ぶかもしれないが、安倍晋三首相が掲げる「戦後レジーム脱却」を欧米人が聞いた場合、日本人の誰にもそんな意図がなくとも、ヒトラーの「ヴェルサイユ体制打破」を想起されると考えなければならない。ヒトラーも最初は正論から出発したのだから、日本人が「我々は正論である」と言えば言うほど、不信の視線を浴びるのである。

もちろん、ユダヤ人やロマ人に対する民族殲滅（ジェノサイド）や、同じドイツ人でも身体障害者や同性愛者を「生きるに値しない命」と呼んで殺戮した事実は、いかなる意味においても正当化できない。

しかし、「スターリンはヒトラーよりもっと多くの人を殺しているではないか」と主張するときに、ナチスと同類だと見られないように、このような釈明的な文言をいついかなるときも挿入しなければならないほど、ナチスの悪魔化は徹底している。

そして、ナチスドイツの同盟国であった大日本帝国について、「日本は言われるほど悪い国だったのか」と主張するときでも、必ず「日本の非道と残虐行為」について言及するのが欧米の学術書の暗黙の掟であることを、どれほどの日本人が知っているだろうか。

本来、第一次大戦に事実上の圏外の位地を守った日本は、ヨーロッパの大戦とは無関係のはずだった。ところが、第二次大戦ではわざわざ敗戦国の側につき、いまだにナチスと同類の悪魔国家として扱われている。

現象面では、国策の誤りの一言で片づけられる。では、なぜ国策を誤ったのか。その本質は、総力戦に対する無理解にある。自らが身につけたヨーロッパ的価値観が、アメリカ的価値観に取って代わられる時代に、適応できなかったのである。

第一次大戦は「欧州大戦」の訳語が示す通り、日本に当事者意識は低かった。観戦武官の派遣などにより貴重な戦訓がもたらされたが、それらのことが予算欠乏など軍事合理性とは別の理由で採用を却下された。「国家総力戦体制」の構築が叫ばれたが、軍事力を最大化するための経済力の最大動員という意味での国家総動員体制の樹立である。端的に言えば、「自らの総力をいかに合理的に出し切るか」である。

また、予算と無関係な「紙」の戦争に関しては、恐ろしく意識が低かった。

昭和六年（一九三一年）から昭和八年（一九三三年）の満洲事変においては、軍事的には完全に勝利しながらも、宣伝戦に失敗した結果、国際的孤立に追い込まれた。第一次大戦で確立した近代プロパガンダに対する認識の欠落が最大の原因であった。

アメリカの占領政策を戦争行為と認識できない

日本人のほとんどが、「総力戦」とは「自らの総力を（特に軍事だけでなく経済面も）出し切る戦争」と、現在に至るまで誤解し続けている。これは現在の研究者だけではなく、当時の国策遂行の中心となった人々もそうであった。

たとえば、「総力戦体制」と称する「総動員体制」を推進した永田鉄山陸軍省軍務局長が熟読したのは、第一次大戦でドイツ軍を実質的に指揮したエーリッヒ・ルーデンドルフが著述した『総力戦』である。

同書において、ルーデンドルフは、冒頭の一四ページにわたってクラウゼヴィッツを批判している。「政府の戦争や、限定された政治目標を以てする戦争の時代はすでに去った」と、クラウゼヴィッツが『戦争論』で述べた「政治の延長としての戦争」は終結したとし、軍事力のみならず経済力を総動員すべきであると述べている。

また、「総力戦は啻《ただ》に軍隊の仕事たるのみではなく、参戦国民の一人々々の生活及び精神に直接影響する所のものであって」「即ち総力戦は啻に軍隊のみでなく、直接国民に対しても指向せられるのである」と国民の精神力の維持を強調した。

そして「総力戦はその本質上、一国民の総力を以て指向せらるるを以て、それはまた文字通り国民の総力を要求するものである」と、国民の総力を出し切るのが「総力戦」であると強調したうえで、「政治は総力戦と同様に、総力的な性格を持つべきである。政治は総力戦に於いて、国民をして最大能率を発揮せしめる事を顧慮し、断然その目標に順応した国民の生存維持の理論を実現し、且つ精神的領域は固《もと》よりのこと、凡《あら》ゆる領域に於いて、国民がその生存の維持に必要とし、且つ要求する所に十分考慮を払うべきである」と軍事優先の観点から政治の役割を規定する。

確かに、日本の「総力戦」体制を構築しようとした勢力の理想が述べられている感がある。しかし、ルーデンドルフすら「敵国民の思潮、その期待や希望、並びに政府及び戦争に対する心持等を周到に研究することが有効な宣伝を行うための前提である」と、宣伝戦のような非物質的要素にも少ないながらも言及している。

ノースクリフを中心としたイギリスの近代プロパガンダが、第一次大戦における連合国戦勝の要因であるとの認識が常識であっただけに、武力戦や経済戦のみならず宣伝戦のような心理戦的要素にも言及するのは当然と言えた。

以上、軍人的視野狭小ではあるが、ルーデンドルフすらも自らの軍事力と経済力を出し切るだけでなく、その動員によって相手のそれらを潰すことを認識しており、かつ不十分ではあるが物質的要素以外にも着目している。

大半の日本人は、そのルーデンドルフの『総力戦』の劣化コピーだったのが、実情であったと言えよう。結果、昭和十二年（一九三七年）からの支那事変では、満洲事変で指摘された問題点すら改善されずに、しかも自らの総力を出し切ることすら不十分なまま、昭和十六年（一九四一年）からは大東亜戦争に突入し、敗戦に至ったのは周知の事実である。

総力戦においては、占領からが本番である。日本でも数少ないが、総力戦を正しく理解していた人々がいた。総力戦研究所の講師であった西内雅《ただし》は、この段階では総力追撃が行われるとする（西内雅「総力戦の一戦史〔下〕」『世界と日本』九月号、一九八〇年）。

つまり、この段階では、「敵が戦争意思を放棄すれば、武力戦は中止される。しかし、その他政治、経済、思想の手段を尽くして、戦争目的の達成を確乎たらしめる。そのとき、原則としては敵を徹底的に壊滅し、再び国際社会で雄を競う能はざらしめる。従って、敗者は武力戦を中止すると共に、総力防衛・総力退却によって、国家・伝統・文化・社会の保持に努める必要がある。しかし、敗者がかような措置をとることは甚だ困難であって、滅亡、少なくとも大きな禍根を残す公算が極めて大である」との様相に至る。

まさに、アメリカ占領軍が南北戦争と同じように日本でしたことである。

占領期は戦後ではなく戦中であり、占領政策は戦争行為である。総力戦研究所の敗戦直前の研究によれば、宗教・成法・風習のいずれか一つに介入すれば、被征服民族は滅亡を覚悟した抵抗に至り、占領政策は失敗する、と世界史全体の事例から結論づけたという。ところが、西内本人も慨嘆するように宗教は神道指令により解体され、成法は憲法その他を改変され、風習は家族制度などを破壊される状態に至った。

さらにドイツの例と合わせて考慮すると、憲法強要・復讐裁判・教育簒奪・及びそれらを正当化する歴史認識こそが、二十世紀「総力戦」の本質的行為であったと言えよう。

世界史的にも奇観である日本の占領政策の受容を可能にしたのは、アメリカの「総力戦」の徹底が挙げられよう。前記の憲法強要・復讐裁判・教育簒奪そのものが、戦勝国の自己正当化である。それに加えて、アメリカは無差別通商破壊・無差別都市爆撃・非人道兵器の使用等の戦時国際法違反を自覚すらしなかった。

むしろ占領政策を戦争行為と認識させず、恩恵と意識させて文化的に抱合することに、かなりの部分で成功した。

現在の日本は、このような敗戦体制のままでいるのである。

●第三節● 「戦争」が根絶された世界

国連憲章で戦争は本当に根絶したのか

一九四五年八月十五日を終戦と解釈すれば、それ以前には日本の善戦は存在したが、日本はそれ以後を戦時であるとの自覚すら存在しないまま、一方的に「総力戦」の「総力追撃」を甘受したと言える。

その間に、現実の国際政治の枠組みやそれを規定する条件も大きく変更された。

その象徴的事項は、一九四五年の国際連合成立である。日本とドイツは五大国の座を去り、フランスとチャイナ（この段階では、毛沢東の中華人民共和国ではなく、蔣介石の中華民国）がその座を占めた。そしてパックス・ブリタニカは終焉し、パックス・アメリカーナへと覇権は移行した。

これは、非ウェストファリア国家を前提とする米国式国際法理解が国際法の通念となり、慣習国際法が条約国際法の下位に転落したことを意味する。

つまり、ウェストファリア型の国際法は、慣習の成立を国際法の成立と見なすのである。「戦争と平和の区別」「戦時における味方と敵と中立の区別」「戦闘員と非戦闘員の区別」などは、破りようがない法則のようなものであり、慣習化することで文明を発展させようとの思想である。

現に、国連憲章で「戦争」は根絶したが、平和と平和ではない状態の区別は存在する。一片の条約如きで破りようがないのが、真の国際法なのである。国際交戦法規を定めたジュネーブ条約などは、条文に書かれているから守らなければならないのではなく、数百年の歴史で蓄積された国際慣習の確認なのである。

ところが、アメリカ人は条約の効力と国際法の成立を同一視する。一八九八年に起きた米西戦争でのキューバ、ハワイ、フィリピンへの侵略は、違法化されていないので合法であり、一九二八年の不戦条約より後の日本の事変は、宣戦布告が存在しないので違法、一九四五年の国連憲章以降は必要なしとして、すべての軍事行動で宣戦布告を行っていない。慣習を重視する伝統国際法を無視する、得手勝手な解釈である。

必ずしも世界がアメリカ人の国際法観を受容しているわけではないが、国連憲章による「戦争」の根絶は、各国の合意と見なされている。「拡大された決闘としての戦争」は、確かに根絶された。その結果は、より悲惨になった。

最後の宣戦布告は対日宣戦

まず、「戦争」が狭義すなわち国際法用語ではなく、広義すなわち文学表現に拡大された。

朝鮮戦争、ベトナム戦争、湾岸戦争、イラク戦争といった類である。これらは伝統的な「戦争」としての手続きを経ていない。かつ用語の問題にとどまらず、そのような「戦争」そのものが、従来の「戦争」の概念から逸脱する傾向すら生じ始めた。

特にユーゴ紛争（バルカン戦争の語が使われることもある）は起点も終点も、誰が当事者であるか、敵と味方の関係すらも不明であり、一九四五年以前のいかなる意味でも「戦争」と称する状態とは実態が異なる。当事者の責任と義務を明確にした、狭義の「戦争」の概念を否定したための混乱である。

国連憲章の条文上で「戦争」という語を根絶しても、人間社会の「紛議（＝Dispute）」、すなわち潜在的対立も含めた「紛争（＝Conflict）」が消滅するわけではない。「紛議」が顕在化しても、「紛争」に収斂されるだけである。

つまり秩序ある闘争も、無秩序な暴力も区別されず、それが悲惨な状態においては「戦争」と「戦争でない状態」、すなわち「平和」との区別が不明瞭となる状態となった。ユーゴ紛争に代表される現在の国際社会の多くの民族紛争は、それ以前から原因は別に存在したにせよ、過剰な理想主義が事態を余計に悪化させた点は否めない。

ウェストファリア型の決闘の法理による宣戦布告は、大日本帝国が最後となった。よく言えば世界で唯一近代国際法の秩序を遵守しているのであるが、平たく言えば取り残されたままなのである。

日本は昭和十六年（一九四一年）十二月に米英に宣戦布告。同月、支那事変をも大東亜戦争に含め、中華民国と正式な交戦状態に入った。またドイツに併合されているオランダからも宣戦布告を受けた。

また、昭和二十年（一九四五年）にトルコなど多数の国から宣戦布告を受けた。トルコなどの諸国との間に交戦の実態は存在しないが、法的状態としては戦争である。

そして昭和二十六年（一九五一年）に四八カ国とサンフランシスコ講和条約を締結、翌年に条約が発効して正式に戦争状態は終結した。同条約に参加しなかったソ連や中華民国とも個別の交渉で戦争状態を終結させている。

律儀に幕末以来受容したウェストファリア体制を遵守し、戦争と平和のけじめをつけているのである。

このときの首相でありサンフランシスコ講和会議首席全権であった吉田茂の世界観は、ナポレオン戦争におけるウィーン会議のままである。もちろん、曲がりなりにも敗戦日本を被占領状態から主権国家に戻した吉田の功績は否定できない。

しかし、「占領は長くても一年だろう」などという読み違えは、国民戦争から総力戦へのパラダイム転換を理解できていなかったとの誹《そし》りは免れまい。勝者であるアメリカは南北戦争と同じように、国体を破壊する憲法を強要し、事後法による復讐裁判を行い、歴史教育でそれらを正当（統）化した。

終戦記念日はアメリカの総力戦開始の日

これらの行為に対して、日本人はあまりに無自覚であった。昭和二十年八月十五日は、終戦記念日などではなく、アメリカ人にとっては総力戦の本番開始なのである。

もちろん、これは吉田だけでなくほとんどすべての日本人が理解できていなかったし、占領軍のあらゆる国際法違反を何一つ咎め立てしていない。

これも、講和条約が結ばれれば、政府として過去の戦争のことを持ち出さないという、ウェストファリア体制のパラダイムを遵守しているのである。しかし、日本の周辺諸国でその意味での近代文明を有している国がどれほどあるだろうか。

アメリカが非ウェストファリア国家であることは何度も強調した。中国や韓国のような儒教国家は、近代国家とは異質である。ロシアは国際法を理解したうえで破る常習犯である。テロ行為を繰り返す北朝鮮は論外である。かろうじて台湾くらいだろうが、その台湾は世界の国の一割からしか国家として承認されていない。

昭和四十七年（一九七二年）の日中共同宣言により、日本は台湾を切り捨てて北京の中国共産党政府の支配する中華人民共和国を国家承認するが、この多くの禍根を残した条約ですら、日本はウェストファリア体制の枠組みを貫いているのである。

この時点で、賠償など実利の問題はもちろん、歴史問題は終了させているのである。「日本側は過去において、日本国が戦争を通じて中国国民に重大な損害を与えた責任を痛感し、深く反省する」との表現には踏み込んだが、賠償という形式はとらず、日韓基本条約と同じように、日本が中国に経済支援を行うことで決着した。

戦争を行った国同士の歴史認識に関しては、講和の締結により過去の「戦争」に関するあらゆる領土的及び金銭的請求権が消滅し、道義的追求はそもそも是認されなかったのがウェストファリア体制である。王朝戦争の時代にはすぐに次の戦争が始まったので、過去の戦争のことをとやかく外交の俎上に載せるなどありえなかった。

第二次大戦後は、大国間で大きな戦争がないので、ドイツと日本がいつまでも敗戦国なのは致し方ないとしても、国際社会の国際法解釈がいかに変化しようが、日本はウェストファリア型国際法により「戦争」を終結するという、自国の立場を曲がりなりにも保持していた。また、戦勝国の側もそれ以上を要求しなかった。

何より、東西冷戦により、それどころではなかった。

世界がウェストファリア体制から逸脱しようとも、日本が戦争と平和のけじめをつけ続けたことは決して悪いことではない。それが実害を伴わないうちは。

●第四節●　日本が敗戦国から抜け出せない理由

なぜ自ら歴史問題に火をつけたか

歴史問題が発生したのは、昭和五十六年（一九八一年）の教科書騒動である。このとき、中国と韓国の抗議に対して、日本政府は教科書検定を近隣諸国に配慮して行うと約束した。

過去に決着済みの問題の蒸し返しは、敗戦の講和条約の条件を釣り上げたのと同じである。

また、自らを「総力戦」に敗北している状態に再び追い込んだのと同じである。

この頃、東アジアでも冷戦が激化し、ソ連の脅威に対抗するために、中国がアメリカを盟主とする自由主義陣営に接近している最中の騒動だった。よりによって、同じ自由主義陣営の韓国だけでなく、共産主義国の中国までが日本に融和的だったときに、過去の蒸し返しが行われた。

さらに悪いことに、日本の言論界の自虐的な様相は激化し、ついに政府の検定を通過した教科書で、「ナチスよりも悪いことをした国」と糾弾するような記述まで登場する始末だった。

欧米は、ドイツの動向には神経質だったが、何の強制もされないのに自虐的な歴史教育を行っている日本には無関心だった。

ドイツ（当時は西ドイツ）のほうはよく言われるように、戦争責任をすべてナチスに押しつけ、ドイツ民族や国家としては補償しか行っていない。重要な用語なので確認するが、補償とはあくまで「お悔み」であって、自らの非は認めていない。ドイツ（人）もまたナチスの被害者であるが、行為そのものはヒトラーに操られて迷惑をかけているので、その補償はして善意を示すということである。非はナチスだけにある。

その代わり、ナチスを否定する教育を行うことを事実上の国際公約にしている。そうしなければヨーロッパでは生きていけないからだ。ドイツもその他ヨーロッパ諸国の双方ともに、このフィクションを胡散臭いと思いながら、現実政治の都合上、そうした建前で外交関係を続けてきた。

条約のハードルを高める日本政府

そこに自ら「ナチスよりも悪いことをした国」と名乗り出てくれる国が現れたのだ。

さらに、平成五年（一九九三年）の「従軍慰安婦に関する河野談話」と「侵略戦争に関する細川談話」、二年後の「植民地支配と侵略に関する村山談話」と、「過去の侵略と戦争犯罪」を謝罪する政府声明を出し続ける。

これらはすべて、サンフランシスコ講和条約以降の条約に上乗せされる約束である。敗戦国の側から過去の戦争に関する謝罪を申し出ているのである。補償と違い、謝罪は自らの非を認めている。戦勝国に拒否する理由はない。何の労もなく、日本を国際社会に受け入れる条件を釣り上げることに成功したのだ。

従軍慰安婦に関する河野談話、自らを侵略国家だと認めた村山談話。これらは時の総理の一声で覆せるような甘い内容ではなく、講和条約として国際法化しているような談話なのである。

中国や北朝鮮、あるいはロシアが大日本帝国の復活を望むはずがない。アメリカや韓国も同じである。

アメリカ国内にも、日本が強くなったほうがよいとする「ストロングジャパンポリシー派」はいる。しかし彼らの誰が、日本がアメリカと同等以上に強くなることを望むだろうか。アメリカもことごとく、日本自らが言い出した談話を守れと迫る。

日本が敗戦国のままでいてくれたほうが、国際社会にとって都合がよいのである。

日本が歴史問題を解決しようと真剣に思うなら、もう一度戦争を行って勝つ覚悟が必要なのである。

終　章

敗戦国から抜け出す方法

有色人種で唯一異を唱えた日本人

日本は、自ら進んで敗戦国のままでいる。さらに、戦勝国から国際社会で生存させてもらう条件まで、自ら釣り上げた。

本書ではかなりの紙数を割いて、現代世界における支配的価値観がどのようなものかを考察した。現代世界は、大きな意味では主権国家が並立するウェストファリア体制ではあるが、その中核である無差別戦争観はかなぐり捨てられ、中世以来の聖戦論に回帰している。ヨーロッパ人が世界中に押しつけた「文明」の異端児であるアメリカが、現在の世界を支配している。

我が国は、幕末以来の自己努力により「文明」を受容し、消化し、かつヨーロッパ人以上に「文明的」に振る舞った。欧米人の「文明」は、所詮は白人のキリスト教徒だけに適用される、有色人種には野蛮の限りを尽くす二重基準だったが、それに日本人は鉄と金と紙の力によって異を唱えた。

「文明」の結晶である国際法は、日本が勝つことにより、単なる欧州公法から真の意味での国際の法となった。誇ってよい歴史である。この点では、富国強兵、日露戦争の勝利だけでなく、帝国憲法制定の意義を強調しておいた。

文明の衝突とは、「何を文明とするか」という文明観の衝突なのである。ヨーロッパ（それも一枚岩ではない）、日本、アメリカ、あるいは中国の文明観は大きく異なる。

日本がヨーロッパ人のつくったルールでうまくゲームをこなせるプレーヤーになったとたん、ルールそのものを破壊するアメリカが世界の覇権国家となった。

これは人類の不幸であったと断言してよいだろう。拡大された決闘としての戦争にはルールがある。紛争はルール無用である。

ベトナム戦争はフランスに対するベトナムの独立戦争だったが、いつの間にかアメリカが介入して主役になっていた。そして一方的な都合で撤退した。

一九九〇年代のユーゴ紛争はさらに不幸だった。バルカン半島西北部のスロベニアのユーゴスラビアからの独立闘争に端を発して戦いは始まり、いつの間にか西部のボスニアや南部のコソボが主戦場となっていた。

クロアチアの〝スナイパーストリート〟では、「動くものは、赤ん坊でも猫でも撃て」が合言葉となり、その通りに実行された。セルビアとクロアチアとムスリムが三つ巴で殺し合い、三者が三者とも二正面作戦を行っている。しかも、セルビア大統領の主敵は、常にセルビアの政敵だった。

民族憎悪の相互応酬は、ヨーロッパ人にナチスの悪夢を思い出させた。怯えたクリントン米国大統領は地上戦を行えず、空爆だけにとどまった。

国連憲章以後の諍いは、名前が「戦争」であろうが、実態は神聖な儀式としての決闘ではない。いつどこで誰と誰が戦っているのかわからない。

これは「戦争と平和の区別」「味方と敵と中立の区別」「戦闘員と非戦闘員の区別」という、最も確立された国際法すら脅かしている。決闘を否定して登場したのは、あくなき喧嘩と私刑（リンチ）だけである。

湾岸戦争で、クウェート解放だけを目的として戦ったブッシュSr.大統領は、「なぜ悪魔のサダム・フセインを打倒しなかったのか」との世論に敗れて次の大統領選で落選した。総力戦しか理解できないアメリカ人の本能である。だから、イラク戦争を決断したブッシュJr.大統領にとっては、フセイン政権打倒は絶対条件だったのである。

そして和平相手を失ったアメリカは、無法地帯と化したイラクで苦しむことになる。ちょうど支那事変で短期間のうちに首都を陥落させた日本が、その後長期にわたる治安戦で国力を消耗させたように。アルカイダなどによるイラクでのテロに苦しむアメリカは、中国人のテロに疲弊した日本と瓜二つである。

敗戦国に生きる日本人が知っておきたいこと

現在、日本はアメリカと中国に挟まれているが、いずれの国も、違った意味ではあるが、非ウェストファリア国家である。アメリカは相手の総力を抹殺するまで戦いをやめない本能があるし、中国は対等の主権国家関係が理解できない。

日本はその両国と張り合うどころか、自ら犯罪国家だと政府が認めている。それも、三十年も前に結ばれた講和条約の条件を蒸し返してである。安全保障上の敵国である中国はもちろん、同盟国のアメリカとて日本が敗戦国のままでいてくれることが国益である。日本がアメリカの望む以上に強くなることは、全力で妨害する。

戦後レジーム脱却を掲げる安倍晋三政権ならば、歴史問題は解決するのか。

本書は、アベノミクスが絶好調だった時期に企画した。本書出版時期にはまだ株価は好調だろうが、どうなっているかはわからない。平成二十五年十月一日に、誰もが景気を悪化させると理解している消費増税発表を自ら宣言して以来、靖国神社の秋の例大祭参拝や集団的自衛権の解釈変更などの問題で連戦連敗なのが気になるが、あえて当面の政局には触れないでおこう。

当初の企画意図は、「安倍内閣に過度な期待をするな。いかに強い政権であろうとも、憲法と教育と歴史問題だけは解決できないのだから、できないことの優先順位を上げるべきではない」だった。理由は、本書を最初から熟読した読者諸氏ならばおわかりであろう。

日本国憲法と東京裁判に端を発する歴史問題と前二者を正当化する教育は、アメリカ占領軍の総力戦の一環なのである。いかなる親日派アメリカ人にとっても、大国日本の復活は許容できない。

さらに、日本自らが敗戦国として生きる条件を釣り上げているのである。

歴史問題を解決するためには、本来は戦争に勝たねばならないという覚悟があるだろうか。

日本人は世界で何が起きているのか、どのような歴史をたどって現在のような国際政治の〝レジーム〟になったのかに対して、無知すぎるのだ。

歴史問題の解決に即効薬はない。鉄と金、すなわち軍事力と経済力を蓄える努力は政府が中心になって行わなければならないが、紙、すなわち文化力は国民全体の問題である。

特に、我が国は一部の指導層だけに任せるのではなく、国民全体の文化力が高かったからこそ、自分の足で立って生きてこられたのである。ここ最近の七十年を除いて。

私はこれまで、いくつかの歴史に関するエッセーを本にしてきた。そのすべてに通底する歴史観を記したのが本書である。

昭和初期の憲政の常道を専門とする日本近代史を研究する者としては、これくらいの内容は理解していなければならないという水準で記述したのが本書である。

だから、専門ではなく、前提となる教養の部分として、広く議論していただく材料を提供したつもりだ。それが現実社会にどう影響するかはわからないが、敗戦日本に生きる日本人が知らねばならないことだとは思っている。

このような企画を世に問えるのは、編集者の力量に大きく依る。

ＰＨＰ研究所の横田紀彦氏には大きく迷惑をかけたが、根気よく見守り、著者の闘志を振り絞らせるような助言をいただいた。深謝するとともに、感謝し、筆をおきたい。

〈著者略歴〉
倉山　満（くらやま　みつる）
1973年香川県生まれ。憲政史研究者。1996年中央大学文学部史学科卒業。2006年同大学院文学研究科日本史学専攻博士課程単位取得満期退学。1999年より国士舘大学日本政教研究所非常勤研究員を務め、同大学で日本国憲法を教え現在に至る。2012年希望日本研究所所長。ブログ「倉山満の砦」やコンテンツ配信サービス「倉山塾」で積極的に言論活動を展開中。
著書に『誰が殺した？ 日本国憲法！』（講談社）、『検証 財務省の近現代史』（光文社新書）、『嘘だらけの日米近現代史』『嘘だらけの日中近現代史』『嘘だらけの日韓近現代史』（以上、扶桑社新書）、『間違いだらけの憲法改正論議』（イースト新書）などがある。

歴史問題は解決しない
日本がこれからも敗戦国でありつづける理由

2014年2月7日　第1版第1刷発行
2014年3月7日　第1版第2刷発行

著　者　倉山　満
発行者　小林成彦
発行所　株式会社PHP研究所
東京本部 〒102-8331　千代田区一番町21
学芸出版部 ☎03-3239-6221（編集）
普及一部 ☎03-3239-6233（販売）
京都本部 〒601-8411　京都市南区西九条北ノ内町11
PHP INTERFACE　http://www.php.co.jp/
制作協力
組　版　有限会社メディアネット
印刷所　株式会社精興社
製本所　株式会社大進堂

ISBN978-4-569-81687-6

PHPの本

日本人の原点がわかる「国体」の授業

竹田恒泰 著

日本にとっていちばん大切なものは何か。日本人としてこれだけは知っておきたい天皇と憲法と国体と歴史についての白熱授業！

定価 本体一、五〇〇円（税別）